U0042794

視野 起於前瞻，成於繼往知來

Find directions with a broader VIEW

寶鼎出版

「全世界都是我們的農場。」

——亨利‧約翰‧亨氏（1844 年至－1919 年）

視野 起於前瞻，成於繼往知來

Find directions with a broader VIEW

寶鼎出版

黑心、暴利、壟斷，從一顆番茄看市場全球化的跨國商機與運作陰謀

餐桌上的紅色經濟風暴

L'EMPIRE DE L'OR ROUGE

Enquête mondiale sur la tomate d'industrie

by 尚－巴普提斯特・馬雷

JEAN-BAPTISTE MALET

CONTENTS

CONTENTS

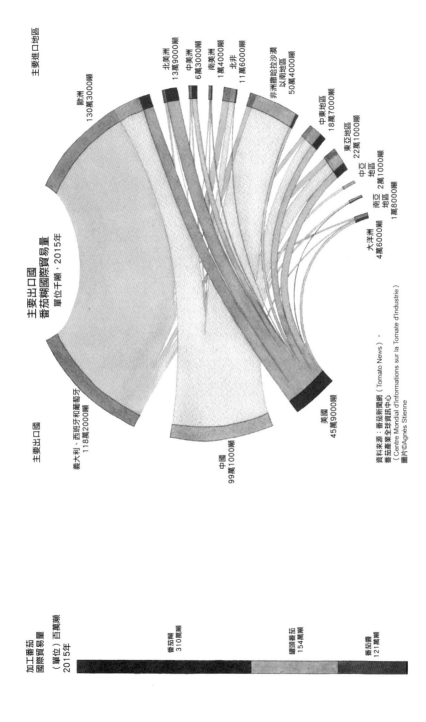

加工番茄
國際貿易量
（單位）百萬噸
2015年

番茄糊
310萬噸

罐頭番茄
154萬噸

番茄醬
121萬噸

番茄糊國際貿易量

主要出口國　　　　　　　主要進口地區

番茄糊國際貿易量，2015年
單位：千噸

主要出口國

義大利、西班牙和葡萄牙
118萬2000噸

中國
99萬1000噸

美國
45萬9000噸

歐洲
130萬3000噸

北美洲
13萬9000噸

中美洲
6萬3000噸

南美洲
1萬4000噸

北非
1萬6000噸

非洲撒哈拉沙漠
以南地區
50萬4000噸

中東地區
18萬7000噸

東亞地區
22萬1000噸

中亞
地區
2萬1000噸

南亞
地區
1萬8000噸

大洋洲
4萬6000噸

資料來源：番茄新聞網（Tomato News）、
番茄產業全球資訊中心
（Centre Mondial d'Informations sur la Tomate d'Industrie）
圖片©Agnes Stienne

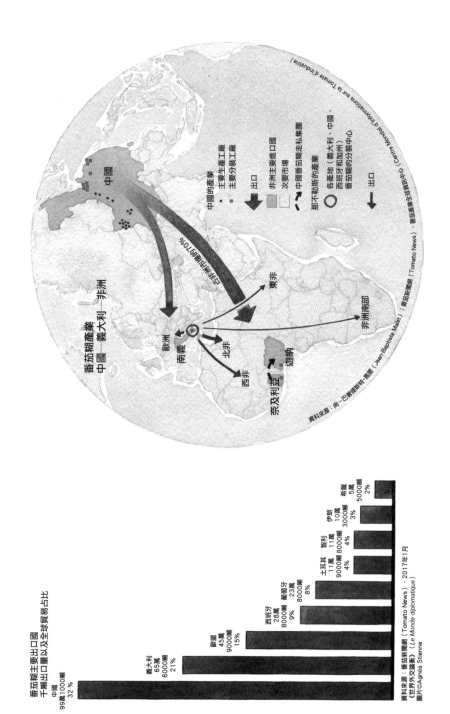

番茄糊主要出口國
千噸出口量以及全球貿易占比

中國
99萬1000噸
32％

義大利
65萬
6000噸
21％

歐盟
45萬
9000噸
15％

西班牙
28萬
8000噸
9％

葡萄牙
23萬
8000噸
8％

土耳其
11萬
9000噸
4％

智利
11萬
8000噸
4％

伊朗
10萬
3000噸
3％

希臘
5萬
5000噸
2％

資料來源：番茄新聞網（Tomato News），2017年1月
《世界外交論衡》（Le Monde diplomatique）
圖片©Agnes Stienne

番茄糊產業
中國－義大利－非洲

中國

臺非洲出口達70%

歐洲

南義

北非

西非

奈及利亞

迦納

東非

非洲南部

中國的產業
‥‥ 主要生產工廠
■ 主要分裝工廠
↓ 出口
非洲主要進口國
次要市場
中國番茄糊主要私集團
○ 各產地（義大利、中國、
西班牙和加州）
番茄糊的分裝中心
↓ 出口

那不勒斯的產業

資料來源：尚‧巴蒂斯特‧馬雷（Jean-Baptiste Malet），番茄產業全球資訊中心（Centre Mondial d'Information sur la Tomate d'Industrie）

1
Chapitre

潛入世界工廠的心臟

🍅 **國外好評**

「讀了這本書之後，再也沒有人能像之前那樣安心選購市面上的濃縮番茄罐頭，毫無顧慮地吃下一片披薩。尚－巴普提斯特·馬雷懷抱一股固執與堅持，帶領我們在世界各地進行調查。番茄成為一則寓言，向我們娓娓訴說資本主義和全球化的故事。」

——阿爾貝－隆德雷斯獎（Prix Albert-Londres）審查評委

「透過我們所熟悉的食材——番茄，讓讀者深陷全球化經濟的恐怖之中。」

——法國《回聲報》（Les Échos）

推薦序

肉不成肉，番茄還是番茄嗎？

　　5 月初，美國納斯達克上市了一家締造股價漲幅記錄的公司：Beyond Meat（超肉）。「超肉」自 2009 成立以來，雖然還無法拿出由虧轉盈的財報，不過，首日收盤價 65.75 美元，就比發行價 25 美元足足漲了 163%，打破金融海嘯以來所有新上市公司首日漲幅記錄。

　　「超肉」暴漲，與背後的商界股東如比爾・蓋茲及好萊塢明星等投資人背景不無關係，但或許也與其強調環保效益的理念有關。公司以豌豆蛋白、菜籽油、馬鈴薯澱粉及其他植物原料，透過混和攪拌、加熱、加壓、冷凝等製程，生產出味道和口感可以仿真的牛肉、豬肉香腸、雞肉等。他們宣稱，公司的招牌產品人造肉漢堡可以比牛肉漢堡減少90%的溫室氣體排放。

　　然而，這種人造肉（或稱素肉），被傳統肉類製品行業戲稱為魚目混珠的「假肉」，甚至「詐欺肉」。人造肉的所有原

料來源是否都是植物性，都有清楚而正確的產地標籤呢？用《餐桌上的紅色經濟風暴》書中第 19 章的標題，作者馬雷會不會質疑超肉合成的比例是商業戰略的詐欺比例呢？

　　所有問題的根源來自於不被滿足的好奇心。當出身法國南方的作者偶然間發現家鄉的番茄品牌易主，而買家竟然是人均番茄消費頗低的中國企業時，馬雷的好奇心被勾動了。從普羅旺斯出發，他一路追蹤到了中國的新疆、北京、義大利那不勒斯、美國加州、加拿大安大略省、非洲迦納等地；也穿越 19 世紀罐頭工業誕生的歐洲，以及番茄工業巨擘機械化的美國歷史，抽絲剝繭，像諜報情節般為讀者揭開當前掌控番茄、番茄醬、番茄汁及相關產品的紅金（Red Gold）帝國，如何走到今日的龐大地位。

　　其實，不管是番茄、或者其他糧食、咖啡、漁產品……，全球化年代裡不乏願意挑戰各種難關的企業家，善用資本主義與自由貿易的各種工具，讓一顆小小的番茄或其他食品，從世界的一頭走到另一頭。乍看之下，飛越半個地球的番茄，食物里程（food miles）超高，既荒謬又不環保。然而，為了達成通有運無、增加全球移動的消費者食材選擇的多樣性，企業投入生產及物流過程的創新努力，也不容抹煞。

　　就像植物合成產品明明不是肉卻冠以「超肉」之名稱一樣，與其指責番茄製品中添加澱粉等其他原料的比例是「詐欺比例」，作者毋寧更應強調改善勞動條件、提高產地標籤與成分標籤的透明度，或者要求政府對非純番茄製品正名（如「調和番茄醬」），就像非純米米粉更名為「調和米粉」或是「炊粉」等。

　　當然，披露真相的努力絕對會形成正面的輿論力量，促成偉大企業向上提升的外部壓力。如哈佛商學院教授所著的《助人為獲利之本》（*Profits with Principles: Seven Strategies for Delivering Value with Values*）書中所言，過去 20 年，不少經營規模龐大、利潤富可敵國的巨型企業，享受全球化所帶來的規模經濟利益之餘，在內外動力驅使下，也愈來愈重視在道德、社會、生態責任上堅持卓越原則。例如，星巴克推出了「公平交易咖啡」、耐吉要求外包廠商遵循「合理勞動規章」、聯合利華要求漁場供應商提供永續認證的漁產品。此外，本身不生產手機的蘋果公司也加入公平勞動組織（Fair Labor Association），要求富士康等各地供應商遵循勞動人權、環境影響等企業社會責任，否則將從全球供應鏈名單中除名。

　　感謝《餐桌上的紅色經濟風暴》作者馬雷穿越時空的採訪，我們現在知道生產不起眼的番茄醬的企業，規模也已經大到如

「紅金帝國」逃不過政府、投資機構及消費者法眼檢視的地步。實踐企業社會責任是擺在眼前刻不容緩的當務之急，否則辛苦累積出來的品牌形象，很可能因全球營業點的某一醜聞或錯誤決策而毀於一旦。

　　經常搭機時空姐詢問「Care for drinks?」，我會不假思索地選擇「Tomato juice」！作為一個番茄汁的熱愛者，這本《餐桌上的紅色經濟風暴》讓我從「番茄文盲」的無知處境中解放出來。我提醒自己要努力拉近與番茄的距離，除了好喝與否之外，也要更多關心產地、添加成分和濃縮比例的問題！

香港中文大學金融系副教授

葉家興

推薦序

國際經濟價值鏈的哀殤，
全球經濟治理的警鐘

　　國際分工及生產鏈讓各地消費者享受許許多多價廉物美的商品，互通有無相當便利，發揮了比較利益原則。全球化資本主義有積極富足的一面，但也存在血淚暗黑的一面。連大家日常食用的小小紅番茄糊罐頭，背後也隱藏著綿長龐大的國際利益集團控制的生產鏈，這些跨國利益集團遍及歐亞美非洲，甚至國際血汗工廠及洗錢漂白合理化等鮮為人知的情事。

　　跨國企業的興起，透過內部組織資訊整合及國際購併，全球上中下游生產鏈分工整合，大幅降低成本，提高國際競爭力，追求利潤極大化。1970 年代以來新自由主義（自由意志主義）的宣揚，主張減少政府管制，只要規則公平機會均等，自由市場完全發揮能提高生產力，提升經濟福利。美國市場經濟的高度發展，孕育出跨國企業經營的典範──科學管理原則，嚴謹

分析生產的過程、工作配置及每個職位最有效化，生產機械化、標準化、合理化的輸送帶大量生產，福特主義（福特汽車公司）及泰勒主義（科學化管理）成為經營管理上重要的論點。防止勞資衝突，勞工在輸送帶旁反覆熟練做著相同的動作，能提高效率，但勞工的人性受到壓抑；再透過大量廣告的宣傳，降低成本求利。跨國企業逐水草而居，代工生產（OEM）——採購方提供品牌及授權，製造廠商來料加工或者多層次的加工，生產該品牌的商品成為常態。

　　番茄罐頭有深層的國際政治經濟意涵，番茄及罐頭都是完全在義大利製造，番茄罐頭被視為典型的義大利產品，受到政府的支持，助升義大利在番茄工業上的主導地位，主導番茄全球化。番茄罐頭是義大利南部聞名世界的商品，美國亨式企業是全球番茄醬製造業的領袖；中國加入世界生產體系後，早期因生產成本較低，2000 年成為世界第一的濃縮番茄生產國，由（與義大利合資）官方大企業出口到義大利加工，再出口到其他國家，成為主要食品之一。然而跨國集團組成的農業黑手黨主宰整個生產銷售過程，他們主要從事洗錢、偽造原產地及剝削勞工，勞力的來源主要是敘利亞（及非洲）難民聚居的貧民窟，支付相當低的工資。也因為歐洲無立法嚴格規定製造商有標明原產地的義務，造成原產地標示真實性的問題。

　　各國的經濟制度典範不同，本書作者尊重各國的差異性。本書作者的目的不在標明哪一國製的濃縮番茄有多危險，而是希望全球各界能關注番茄糊罐頭背後的勞動（甚至童工）及貧窮等問題，找出問題的背後真相。未來應再強化國際經濟治理，善盡國際企業社會責任，除了企業自律重視永續經營、環境食品安全及社會共識。各界投資人重視責任投資（ESG）──環境（Environment）、社會（Society）、治理（Government），只投資購買善盡社會責任企業的股票及產品，強化原產地的公信力，國際透明相關組織及國際與論等揭發公告這類只重利輕義跨國企業的行為，成為外力的制裁，人們才能享受全球化帶來的福祉。

臺灣大學經濟學系副教授

李顯峰

🍎 推薦序

紅色工業的全球政經邏輯

　　當我們在速食店撕開番茄醬料包以搭配薯條大快朵頤或在家中打開番茄糊罐頭準備烹調食物時，幾乎沒有想過這些醬料的來源或是生產過程，甚至也不知道原來這些加工用番茄的長相與我們一般印象中大不相同，唯一清楚的是此乃典型現代生活下的便利產品，物美、價廉又唾手可得，遑論將這個小小的生活必需品與全球化、新自由主義、世界經濟等宏觀現象以及遠在新疆的勞工、義大利的加工廠商與非洲的消費者等微觀個體連結在一起。然而，本書作者馬雷提供了讀者一個驚人的鉅型圖像，小小一包番茄醬料或是一個罐頭背後，利益網絡竟是如此複雜，不但涉及跨國食品集團間的市場競爭，亦反映出政府管制的缺失，還有就是企業主的經營態度。全書雖然沒有深刻的學術理論及嚴謹的結構分析，但是透過馬雷敏銳的觀察力及大膽謹慎的求證態度，逐步帶領著我們揭開這個龐大紅色工

業的真相。馬雷筆觸詳實細膩，使本書讀來如同推理小說般抽絲剝繭地尋找真相，期間高潮迭起，跟隨著作者的腳步，我們猶如置身新疆的番茄園、義大利的加工廠以及迦納的街頭市集中，與中國企業主對話、烏拉圭貿易商交談、義大利工業番茄專家請教，盡可能地蒐集訊息，將此全球化潮流下的紅金帝國在腦中具象化。

　　從殖民時期的番茄貿易到今日自由市場中的紅色工業，馬雷提出了一個過往在研究經濟發展過程時疏忽的關鍵。亦即自18世紀下半葉工業革命展開後，人類經濟活動的重心從農業向製造業轉移，接著向服務業及高科技產業高歌猛進，在這一波波強大的產業流轉趨勢中，其實農業部門也默默地逐漸提高工業化水準，因為科技進展，使得品種基因、生產方式、包裝技術及運輸條件獲得空前改善，社會大眾得以在農業人口大幅減少的情況下，仍然能享受來自於全世界的豐富多元之農作物，數量與質量更甚以往。然而，這一切自由市場與國際貿易所促成的繁榮光景，卻是被持續地剝削、暴利、壟斷、偽造等不能見光的非法行為所支撐。

　　閱讀本書，腦中閃過第一個念頭大概會是「原來我們平日所吃到的番茄醬這麼危險！」雖然不必然會吃到品質惡劣的番茄糊所調製出來的稀釋品，但是不論產自何處，只要經過義大

利工廠處理過的加工品就會貼上三色旗銷售全球；來自法國的產品亦同，讓人驚訝於政府管制作為的鬆散。但隨著真相一層層被揭露，馬雷的本意逐漸清晰，番茄罐頭製作過程中所隱藏的貧窮、勞動困境與犯罪等問題，才是值得吾人真正思考的議題。從番茄醬料的生產、製造、加工到銷售，每個環節都與自由市場及國際貿易密切相關。只是很不幸地，我們看到的不是國家間透過頻繁地貿易往來而使人民獲益，而是跨國界的階級矛盾。由勞工、企業主、消費者、政府等彼此互動所建構出來的全球商業模式，終究只回應了馬克思對於資本主義的期待，也就是一個黑暗的勞動悲歌。

　　馬雷從自己的家鄉作為起點，帶著心中的疑惑，前往中國、美國、法國、迦納、義大利等地尋找答案，過程中一幅幅超現實又帶有魔幻色彩的圖像在我們眼前展開，原來如此平常的番茄醬料，竟然可以說出這麼驚心動魄的故事。說到底，如果不是馬雷的堅持，有什麼人會在吃披薩的時候，想到上面的醬料竟然跟義大利的農業黑手黨有密切關係呢？

　　雖然無論是亞當‧史密斯的古典自由主義還是米爾頓‧傅利曼的新自由主義，在高舉自由市場大旗時，從來都不認為一定伴隨著無序及混亂，甚至是對勞工的剝削與壓迫。然而現實生活中我們卻永遠不乏基於這些理論負面發展而產生的具體案

例。當人們缺少了「同情共感」的道德情操，市場機制的扭曲就成為必然。當我們習慣了批評政府與國際組織對於經濟意識形態的堅持而犯下的錯誤時，沒能想到地卻是餐桌上一罐番茄醬也是同樣邏輯運作下的產物。作者馬雷堅信記者的責任是「讓看不見的東西變得看得見」，不但讓我們真地看見了生活中任何物件都有深刻思考的可能，更能將關懷從這裡開始，延伸到世界的任何一個角落。

政治大學政治學系副教授

蔡中民

紅色工業無遠弗屆。

桶裝番茄糊透過貨櫃遍及全世界各地。

本調查探索了這項全球化商品不為人知的一頁。

第 1 節

中國新疆，烏蘇近郊

汽車載著來自烏蘇市郊區的工人。烏蘇位於新疆北部，介於首府烏魯木齊和哈薩克自治區之間。汽車吞噬著一公里又一公里的柏油路，穿越一些荒廢的城市景觀，接著行經農地中蜿蜒的道路，揚起漫天塵土，最後駛入了一段泥濘路。車子停在玉米田的籬笆外，籬笆後方是一座 35 公畝，大約 2.3 公頃的番茄田。這一小塊土地僅由一條帶狀地構成，約有三座足球場連成一直線那麼長，旁邊已有數台輛迷你巴士停駐。

所有人迅速下車。婦女們跑著，一手牽著上氣不接下氣的小孩。婦女另一隻手中拿著雕花刀柄的砍刀。每個人都迅速地抓起一包包大型塑膠帆布袋，發送到田裡。所有的袋子

都被拿走後，一輛牽引機拖著拖車繼續供應袋子給後到的工人。沒一會兒，這些袋子再次被拿光。「時間緊迫呀，」一位採收工喘著氣說道。「今天，每袋 25 公斤的番茄可以拿到 2.2 人民幣。」──相當歐元 30 分；換句話說，撿了一公斤的番茄大約才一分多歐元。

採收工彼此交頭接耳，他們講的不是普通話，而是方言，他們要在採收一開始就先規劃好、分配行列組別，選擇一個好的採收起始點。

一位大約 14 歲的少女，身上背著和她瘦小身子差不多重的東西，彎下了腰；她用纖弱的背部辛苦地扛了一綑袋子。她放下那重擔，剪斷粗繩，開始工作。其他的孩童和青少年也來田裡工作。大部分的農工來自四川，那是中國西南部的一個窮困省分，位於 3000 多公里外；其他的則是維吾爾人。150 位採收工分成 10 或 20 人一組散開，彼此隔著一定的距離。許多男性和女性獨自完成工作；兩人一組時，則會彼此分工合作。

有一些人蹲著，高舉手中的砍刀，然後俐落地一刀割下番茄的根部。其他人則彎腰撿拾長滿果實的多葉植物，使勁地搖一搖已經砍斷的部分。番茄被扯了下來掉落地面，發出輕響。慢慢地，番茄田中形成紅綠並列的線條，布滿整座田

野。一邊是綠色沒有用的廢棄根莖葉堆高及膝，另一邊則是紅色番茄排成的長線條。

十幾位工人猶如在用砍刀拍打地面，如果番茄根部特別強韌，就必須反覆砍打好幾次；跟在後面的人則用刀面或是徒手，或蹲或跪檢拾四散的果實。接著要將番茄裝進大袋子了。幾個小時下來，原本結實纍纍的果園逐漸變成光禿禿的一片。

有些婦女為了防晒，戴著一頂厚布製的工作帽。很少看到有人聊天講話。現場只聽得到砍刀此起彼落的聲音，或是袋子盛滿果實移動時所發出的摩擦聲。突然遠方傳來憂傷而高亢的歌聲。有些人邊工作邊往聲音來源的方向短暫撇了一眼。放眼望去只見大家彎腰工作的身影。

一位婦女揹著嬰兒。溼熱難耐的環境中，她已經筋疲力竭。一些幼童年紀太小不能工作，就在田裡玩著木塊或小石頭。他們拿起父母留在地上的砍刀，依樣畫葫蘆地敲著地面，嘴裡咬著還沒有清洗的番茄，上頭還覆著白色痕跡——農藥殘留物。太陽如此炎熱，一些小孩索性打赤膊走來走去。許多人抓著皮膚，他們的臉部和手部有過敏或皮膚病的跡象。這早已不是他們在田裡採收的第一天了。

一邊工作、一邊悠揚地唱著憂傷曲調的男子來自四川。

附近的番茄田；番茄糊是真正的食品原物料，外銷到全球 80 多個國家。

有些小孩在田裡工作，加入番茄採收的行列，以便將這些番茄送到不同國家的跨國企業。他們還不到十歲時，先跟在父母親身邊幫忙採收，13、14 歲起就可以獨立工作。「對我們漢人來說，看到小孩子在田裡工作不對的，不好的！可是有什麼辦法呢？這些可憐的四川人實在沒別的選擇了。沒有人幫忙照顧孩子，他們只能帶來田裡上工。」李松明評論道，他自己生產的番茄，中國人並不消費，而是以番茄糊的形式外銷國際市場。歐洲的披薩和醬料，就是用這些番茄製造的。

第 2 節：中國新疆，昌吉

高聳的煙囪在灰色的天空畫出輪廓，空氣中瀰漫烹煮番茄的氣味。一列列緩慢的貨車排成長長的隊伍，滿載被陽光晒熱的番茄，貨車通過了大門，進入加工廠。一進到工廠，我看見拖板車此起彼落，往返運送一個個藍色桶子。距離番茄採收地 200 多公里的地方、快要離開烏魯木齊的邊界處，

昌吉工廠就座落在那裡。這座工廠可說是中糧集團最重要的
工廠。中糧在烏蘇的工廠幽暗老舊、雜亂無章，昌吉這座工
廠倒是光鮮亮麗、美輪美奐。整個設備跟新的一樣，四周遍
植花卉，有一位維吾爾族園丁專門照料這些植物。我和中糧
集團的通訊部門就是約在這裡碰面。

　　我能夠闖入這座工廠，看著載送番茄的卡車在裡面來回
穿梭，是長期努力的成果：我剛闖入一間「世界工廠」，這
種工廠一般戒備森嚴，杜絕任何好奇、好事的眼光窺看。這
裡並非深圳的富士康，不生產高階電子產品；這裡也沒有蘋
果公司準備向全球發布的新款式。這裡也不是什麼最新款機
器人的工廠，更不是為西方大品牌代工生產生活用品或傢俱
的工廠。都不是，這是一座中國食品產業工廠，這個產業並
未吸引調查員和經濟分析師的注意。然而，這卻是一條戰略
性的生產鏈，自 1980 年代初，中國領導階層就是這樣構思
這個地方，而其在經濟上的突破，相對並未引起注意。

　　中國是全球人口最多的國家，必須餵養全球 20% 以上
的人口，然而可耕種的土地卻只有全球的 9%。農業動用了
中國三分之一的勞動人口，占其國內生產總值的 10%。雖
然中國管理階層長久以來的目標在於糧食的自給自足，但
是以 2014 年為例，中國的食品貿易卻有將近 320 億歐元的

赤字。赤字是起因於黃豆的進口和肉品消費隨著都會人口
而逐漸增加。

　　但是如果認為農業是中國經濟上「拋錨」的產業 * 就錯
了。中國在小麥、米、馬鈴薯的產量全球第一；玉米、加工
用番茄的產量是全球第二。過去 15 年來，中國生產的穀物
躍進了 40%。又有誰知道，中國在濃縮蘋果汁、香料草、乾
香菇和蜂蜜的外銷也是全球第一！短短 30 年間，中國從農
地與在地市場連結的傳統模式過渡到由全球巨型企業主導集
約農業的食品工業體系。正如同中國外銷電子產品，如今「天
朝」（l'empire du Milieu）也低價外銷食品至全球。

　　「我們工廠每天能夠生產 5200 公噸番茄糊，」王寶（音
譯）說，他從事番茄產業已經 15 年，是工廠經理的助理。「工
廠是義大利製造，建立於 1995 年，1999 年擴建。在這裡，
一開始原物料會先抵達，接下來進入清洗番茄的程序。」

　　幾位工人站在卡車卸貨區上方的金屬大橋上，他們臉上
汗水淋漓，站在與駕駛座等高的地方準備卸貨。他們緊握水

* 研究與未來發展中心，〈中國的崛起在國際農業交易，及對於法國農業－糧食
的衝擊〉，2012 年。

壓調節器以控制水管的水量。貨車內成堆的紅色水果，隨著大量水流被撥動，在強力水柱的噴洗之下形成窟窿。所有番茄如瀑布般從貨車車廂傾洩而出，注入一條輸送道。工人的雙臂不斷動作，將滿山滿谷的番茄導入輸送道。卡車中成堆的番茄逐漸變少。番茄在輸送水道中隨波逐流，這樣既可以洗滌原物料，同時也把原物料送入工廠。

第 **3** 節

　　「我們這裡只生產桶裝番茄糊。工廠裡有大型機器可以加工番茄，」王寶接著說。「番茄果皮和籽都會去除，番茄會加熱、碾碎。我們用工業烘乾去除番茄裡面的水分。取出水分後，我們會將番茄糊裝入無菌容器，以利長途運輸。我們就是用這個方法把番茄糊外銷到歐洲、美洲、非洲、亞洲。」生產線的盡頭，一個工人在棧板上放了四個藍色鐵桶：鐵桶被輸送帶運送往填裝站。另一個工人接收桶子，檢驗之後進行充填程序。他在桶子上安置一個無菌袋，將填充機器的接頭固定在無菌袋的塑膠瓶口上，然後按下控制面板上的按鈕，同時監控螢幕。這臺機器來自義大利。220 公升的

袋子在幾十秒內裝填了三倍濃縮的番茄糊。裝滿的袋子會膨脹，和鐵桶的外形密合。第一個袋子裝滿了，工人就把固定在瓶口的填充器拔掉。設備會自動讓棧板轉向，讓工人看到下一個空桶子。同樣的程序一直重複，直到棧板上的四個桶子都填裝完畢。下一梯的棧板再繼續如此進行。「只要十分鐘就能學會操作。做這個工作，從早到晚，一整天都是重複同樣的動作，」操作工人解釋。四個桶子都裝滿時，棧板在輸送帶上移動最後幾十公尺，接著就離開工廠。工廠外面，拖板車已經在生產線的末端就定位，桶子四個一組被運送到包裝區。其他工人用金屬蓋封住桶子。他們貼上標籤，上面標示產品的品質、番茄糊濃縮比例、製造日期，以及產地：「中國製造」。

　　一顆加工用番茄含有 5% 至 6% 的乾物質（dry matter），95% 至 96% 的水分。「雙倍濃縮」番茄糊的果泥乾溼比例高於 28%。「三倍濃縮」則高於 36%。因此，平均需要六公斤的番茄才能提煉一公斤的雙倍濃縮番茄糊，這還是以一座有效率的現代化工廠為前提；如果不是，甚至需要更多的原料才有等量的番茄糊。提煉一公斤的三倍濃縮番茄糊則必須投入七、八公斤的番茄才可以。大型番茄加工公司提供各式各樣的產品線，從經過壓榨和殺菌的純果汁（非濃縮）到低

度濃縮的番茄泥，一直到高度濃縮的產品都有。中國專門生產高濃縮產品，因為番茄糊的乾物質含量愈高，含水量就愈低；乾物質比重高，運費相對也會比較低廉。

　　眾所周知，不論是汽車、航太、資訊或電子工業，都有所謂的「原始設備製造商」（OEM）[*]，簡稱「代工廠」，也就是全球外包的代工製造商，消費者通常不知道這些製造商，而實際上是他們負責提供產品的各部零件給組裝廠的。這些代工廠與全球市場接軌，對於我們生活周邊的產品扮演重要角色。因為它們都是大規模製造，所以非常有競爭力。食品產業也不例外，同樣也有代工廠；代工廠可以滿足跨國食品企業的原物料需求，它們依據的是「企業化農業」[*]的準則。設備商是市場上所有大量銷售的加工食品之食材原料生產者。至於食材原料怎麼生產，例如亨氏番茄醬是在中國、歐洲或北美洲「組裝」的，並不重要。不同之處在於，代工

[*] 指「代工生產」，全文Original Equipment Manufacturer，採購方提供設備和技術，製造方提供人力和場地；採購方負責銷售，製造方負責生產的一種生產方式。不過目前的運作方式，大部分是由採購方提供品牌與授權，讓製造方生產具有該品牌的產品。

[*] 社會科學高等學院出版社，〈企業化農業〉，農業研究期刊第191期，第1、2冊，2013年。

廠是來自加州、義大利或中國,這些代工廠已經獲得食品跨國企業的青睞。其中有三家全球最大的番茄糊製造商,他們壟斷了全球市場。這使得美國、中國和義大利在市場上稱霸,緊追在後的則是西班牙和土耳其。

中糧屯河這家代工廠的總部設於新疆,該集團就是所謂的「第一次加工廠商」。該公司的桶裝番茄糊供應給全球知名食品工業大廠:這些跨國企業在本身的工廠進行「第二次加工」,依據食譜配方,把他們生產的食品中的原物料加以加工組合。他們在中國農田幾千公里外的地方加工使用其產出的基本原料,也就是番茄糊,製作成醬料、披薩、菜餚或湯品。

在昌吉工廠烘乾機的數百公尺之外,工人在儲藏區運送熱騰騰的藍色桶裝加工用番茄糊。倉庫的空地上,無菌桶堆疊成高聳的金屬牆。其他工人在儲藏區把要外銷的桶子分開:他們把桶子一個一個般上拖車。幾輛大卡車把桶了載往停在附近的貨運列車,這些中糧的番茄糊接著就要在中國境內展開數千公里的路途,最終抵達天津港(最通常的目的地是天津港);天津是位於北京北部的大城,也是番茄糊跋山涉水前往三大洲前的最後一站。

第 **4** 節

「我們為很多食品產業公司服務。亨氏公司是我們最重要的客戶之一。近十年以來，我們合作密切，因為他們是全球加工用番茄的最大買家，」余天池在昌吉工廠跟我訪談時解釋道。

余先生是中糧屯河公司加工用番茄部門的最高負責人，他也因此成為全球番茄產業中最重要的人物之一。「番茄加工是利潤微薄的事業，這也是亨氏企業向我們購買番茄糊的原因，」他解釋說。「如此一來，亨氏就可以集中其營運在其他利潤較高的加工與生產活動上。亨氏企業幫了我們不少忙，不論是雙方共同合作研發的番茄種類，或是我們製造商的培訓上。」

19 世紀末以來，亨氏企業是全球番茄最大的買家，也是全球最大的番茄醬製造商。1916 年，這家跨國企業已經設立農業研究中心和番茄實驗農園。接著，亨氏公司才建造專屬的番茄加工廠，專門製造湯品、番茄醬和含有番茄成分的醬料。1936 年，這家公司發布了數項研究計畫，都與番茄有關：當時旨在專精化各品種的番茄，進而改良紅色水果的工業加工程序。時至今日，亨氏機構的研究員依然持續從事這

類研究。如今亨氏種子公司在加工用番茄種子方面是世界第一，領先其他廠商，例如隸屬全球第四大種子公司利馬格蘭（Limagrain）的科勞斯（HM Clause），或是拜耳製藥與化工旗下的子集團，拜耳作物科學（Crop Sciences）；2016 年 11 月，拜耳以 660 億美元買下孟山都（Monsanto），成為世界第一大種子公司。亨氏番茄採用非基改（Non-OGM）——「混種改良」而成的品種，是全球許多日常生活食品的原物料來源，而這些食品未必都掛上亨氏企業的品牌。亨氏各式各樣品種的加工用番茄在世界各地經由全球產業鏈栽種，遍布全球各大洲。

普羅旺斯的中國桶裝番茄糊

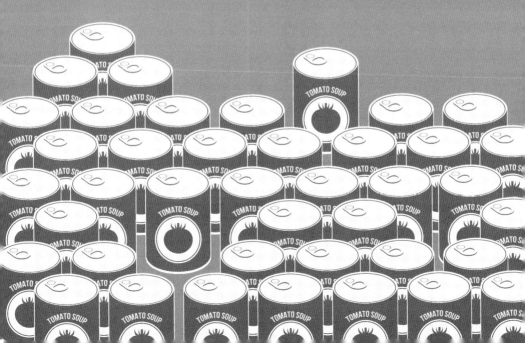

第 1 節

法國沃克呂茲省（Vaucluse），艾居厄河畔卡馬勒（Camaret-sur-Aigues）

五年前，也就是 2011 年，我在法國普羅旺斯一座罐頭工廠的圍欄外，第一次發現中國製桶裝番茄糊的蹤跡。工廠的紅色招牌標示著「小木屋」（Le Cabanon）。右側是一棟油漆陳舊的行政大樓，左側的圍欄後方則是上了瀝青的倉儲區：地面上滿滿都是油桶大小的無菌金屬桶。桶子放在棧板上陳列在倉庫空地上，一個疊一個，在陽光下閃閃發亮。我終於找到靠近這些商品的最佳位置；透過欄杆，可以看見標籤上標示的來源：「番茄糊；新疆中基實業，中國製造。」當時我人在普羅旺斯，這裡是我的故鄉，小時候每年夏天，我的祖母就是在這裡用自己院子裡種出來的番茄製作番茄罐頭。

這是我第一次看到這麼多神祕的大桶子，裡面裝著來自地球另一端的番茄。

我在附近市鎮的一次採訪中，聽說了一則離奇曲折的故事。中基番茄製品公司（Chalkis）是一個食品產業集團，由中華人民共和國解放軍所控制的一個大型企業財團所擁有。該集團在2004年買下了法國最大的番茄醬生產工廠——小木屋。在此之前，小木屋都是採合作社的經營方式，將當地上百位農民的作物收成進行加工。自從買下了小木屋之後，中基番茄製品公司的高層拒絕對外做任何說明，各種活動都只是祕密進行。

2004年，中國買家曾經承諾會維持加工一定數量當地生產的番茄。的確，居民都擔心，小木屋工廠一旦換上五星旗幟，改隸屬於中資，肯定會大量使用中國進口的廉價番茄糊。然而收購的當下，從來沒有人提過小木屋將來只能加工從新疆進口的番茄糊……。

我想要一探究竟，於是來到昔日的這座合作社工廠採訪，想要做一篇關於罐頭新生產模式的報導；這些罐頭使用的原料不再來自普羅旺斯，而是完全用中國進口的番茄糊。我說明了來意，立刻遭到拒絕，吃了閉門羹。

這件事實在不能等閒視之。2000年前後，小木屋供應了

法國番茄醬消費量的四分之一。被中資併購之後，昔日的法國番茄罐頭王國逐漸被瓦解，工業設備幾乎都被毀了。中基番茄製品公司接手後先是裁員，接著汰除第一道加工的工具設備。昔日的工廠如今只保留了小木屋的品牌，以及第二道加工的設備，也就是用來稀釋番茄糊的機器。原本用來進行第一道加工的這些機器全被拆解拍賣，包括開始洗滌番茄的卡車停駁站、渦輪榨取機、加熱絞碎機、製作番茄乾的烘乾機、輸送機臺、控制調節站、棧板堆裝機。

　　當地的茄農於是被逼得紛紛轉行。小木屋卻依然繼續銷售法國民眾過去熟悉的知名產品，只是原物料來源都改成從新疆進口的番茄糊。罐頭內的醬汁依然是在沃克呂茲一座具有歷史色彩的工廠「製造」，繼續合法沿用「法國製造」的標籤，上面還有小木屋著名的商標：一棟普羅旺斯別墅，旁邊佇立一棵柏樹。不同的是，原料已經換了產地，但是並沒有什麼條文規定非標示出來不可。小木屋就這樣以它的品牌或是以通路商的品牌，販售這些「普羅旺斯番茄醬」，產品遍布歐洲所有的超市。

　　中基這家源自解放軍的企業，為何又如何會在 2000 年初對法國的一座番茄醬工廠產生興趣，最後還取得管理權？為什麼好幾位中國將軍會穿著軍禮服突然出現在亞維農

（Avignon），並且大談番茄生意？這個「中國軍隊」進駐普羅旺斯番茄工廠事件的來龍去脈又是怎麼一回事？而主導談判的劉將軍又是何許人物？我手邊只有一張剪報*，而且報導刊出的時候，幾乎沒有任何其他的報導，不過我亟欲深入瞭解。

第 **2** 節

幾年下來，我發現小木屋所遭遇的工業災難並非個案，而是普遍的現象。北美洲、歐洲，甚至西非許多國家，都可以看到這個現象。20 年來，許多為本國市場加工在地番茄的工廠紛紛關門，因為「不具競爭力」；換句話說：無法在全球化經濟下，和來自世界另一端低價進口的桶裝番茄糊對抗。時至今日，使用進口桶裝番茄糊製成醬料或食品，在這個全球化的食品產業鏈中，早已是相當普遍的做法。

* 皮耶・哈斯奇（Pierre Haski），〈中國吃下法國加工番茄〉（Les Chinois croquent la tomate transformée française），《解放報》（*Libération*），2004 年 4 月 12 日。

　　荷蘭就是一個典型的例子。荷蘭每年進口的番茄糊數量約為 12 萬公噸,每年出口的醬料則高達 19 萬公噸,其中以番茄醬居多。如今英國最有名、以番茄為基底製造的棕醬,也就是 1895 年發明的 HP 棕醬(HP SAUCE),就是在荷蘭生產的。這個品牌最初於 1988 年由達能公司以 1 億 9900 萬英鎊購下,接著又於 2005 年賣給亨氏,英國政府在 2006 年 4 月核准這項交易。接下來那個月,亨氏決定,HP 棕醬將不再於英格蘭西米德蘭茲郡(West Midlands)伯明罕郊區的阿斯頓(Aston)製造;伯明罕是英國工業化源頭重鎮,在 19 世紀有「世界工廠」之稱。此後,棕醬將改在荷蘭海爾德蘭省(Gueldre)埃爾斯特(Elst)的工廠製造──亨氏在此設立了全球最大的醬料工廠之一。一場抵制活動於是在英國發生。這次極具象徵意義的產地外移事件〔HP 還是英國國會(Houses of Parliament)*的縮寫呢!〕引發了舉國論戰,尤其是在西敏市的國會,但終究無濟於事。亨氏企業依然故我。著名的棕醬瓶身上的標籤依然沒變(上面依然有大笨鐘的圖樣),但是英國的工廠在 2007 年春天關門;同一年夏天,工廠全部拆除。這家百年老店的 HP 字樣招牌從此由伯明罕博物館和美術館(Birmingham Museum and Art Gallery)珍藏。

　　亨氏在它位於荷蘭埃爾斯特的工廠，以進口的桶裝番茄糊製造要賣到西歐的醬料，特別是它有名的番茄醬。亨氏每年需要 45 萬公噸的番茄糊才能達到產量，相當於要採收 200 萬公噸的新鮮番茄[*]。2016 年，全球番茄產業鏈加工了 3800 萬公噸的番茄；換句話說，光是亨氏，每年就用掉了 5% 以上的全球加工用番茄。

　　亨氏這家跨國企業能夠成為全球王國，多半要歸功於它的番茄醬。番茄醬，這個和康寶濃湯一樣代表美式生活的標誌性產品，幾十年來不斷激發藝術家、廣告商，以及新聞記者的靈感。但是，我們對這些以番茄作為原料的產品又知道多少？番茄加工食品有什麼歷史？番茄能告訴我們什麼關於資本主義的事情呢？

　　卡夫食品（Kraft Foods）和亨氏企業於 2015 年 7 月 2 日合併。如今兩家公司合體為卡夫－亨氏公司，這家龐大的跨國企業旗下共有 13 個品牌，年營業額超過 280 億美元，是

* HP 棕醬是英國人葛東（F. G. Garton）研發的醬汁。據稱是因為葛東聽說英國國會的一家餐廳使用了他的醬汁，於是將產品命名為 HP 醬，並以國會大廈為產品的視覺商標。

* 番茄新聞網，2015 年 4 月。

世界第五大的食品加工業公司；而根據美國農業部（United States Department of Agriculture，USDA）的數據顯示，食品加工產業整體的年營業額約為 4 兆美元。公司的主要股東包括巴西私募基金 3G-Capital 與美國億萬富翁暨全球第二大富豪華倫·巴菲特（Warren Buffett）旗下的波克夏·海瑟威（Berkshire Hathaway）公司*。2013 年 2 月，3G-Capital 和波克夏·海瑟威首次以 280 億美元收購亨氏企業。2012 年，亨氏企業的營業額達 110 億美元；那一年，它在全球番茄醬市場的市場占有率達 59%。這次交易在當時可謂史無前例，因為這是食品加工產業有史以來最大一宗併購案。但是，2015 年合併之後，卡夫－亨氏創下了新紀錄：波克夏·海瑟威額外投資了 100 億美元以促成合併。如今，卡夫－亨氏以及它的 15 家大型食品加工跨國企業競爭對手，就占了全球所有超級市場銷售量的 30% 以上。

第 3 節

「罐頭類」；「米麵類」。超市裡，消費者彎著身子在不同貨架選購番茄糊罐頭、番茄醬、碎番茄或是以番茄為基

底的瓶裝醬料，一般消費者會認為這些商品所含的主要成分番茄，就和生鮮部或是傳統市場所賣的番茄沒有兩樣。有些人或許猜到這是集約農業、大量生產的番茄，但是幾乎所有人都會認為番茄是圓的，是生長在支架上結成的果實。說穿了，番茄不就是番茄嗎？當然，大家都知道番茄有分品種，有好的也有壞的。大家經常這麼跟我說：「有生長在花園裡的番茄，也有種在農園或田裡的番茄；其他有的是溫室生長、無土栽培，所謂的介質耕栽種。」

　　由於我經常隨機採訪超市裡的消費者或披薩店裡的師傅，我才發現，大部分的人對於加工用番茄一無所知，就像還沒開始調查那時候的我一樣。這很合乎邏輯：這些圓滾滾、紅通通的漂亮番茄，理所當然就該是廣告或包裝上出現的番茄。食品加工產業每年花在使用加工用番茄相關產品上的包裝費用，就有 120 億美元 *。

　　大家對番茄的想像已經根深蒂固，而整個食品加工業也不斷加強了眾人對番茄的既定印象。有誰曾看過加工用番

＊ 波克夏‧海瑟威是一家多元控股公司，總部位於美國內布拉斯加州。
＊ 資料來源：番茄新聞網。

茄？加工用番茄之於新鮮番茄，就像蘋果之於西洋梨。它其
實是另一種水果，另一場地緣政治角力，另一門「生意」。
加工用番茄是遺傳學家製造出來的一種水果，被設計成能夠
完美適應加工程序。它是全球化的商品，一旦經過加工、裝
入桶子，就能夠長途跋涉，可以運送環繞地球好幾圈，最後
送到消費者手上。它的經濟產業鏈無遠弗屆。各大洲到處都
有人在經銷、販售、消費它。加工用番茄並不是圓形的，而
是橢圓形。它比新鮮番茄更重、更密實，因為它的水分相對
不多。加工用番茄的皮很厚，咬下去的時候皮有點硬，口感
爽脆。這種水果偏硬，因此耐得住卡車長途運送，也耐得住
被機器折騰。加工用番茄不容易損壞。農藝學家還開玩笑地
稱這種番茄是「戰鬥番茄」——加工用番茄相當結實，不易
裂開，即使被壓在車斗最底層，上面還壓著幾百公斤的採收
番茄——這正是它被研發出來的目的。還有，千萬別拿加工
用番茄去扔藝術家或領導人的臉，這無異於拿石頭砸人，他
們或許罪不至此。

　　超市裡的番茄水分愈高愈好——水分愈多，番茄愈重。
加工用番茄則盡可能不要含那麼多水；正好相反，它們並不
多汁。在工廠，加工的重點就在於讓水分蒸發，以利取得非
常濃稠的番茄糊。按照嚴格的工業標準來看，一般超市裡的

番茄不論來自農田或溫室，都完全不適於產製番茄糊。20世紀的罐頭廠還會將生鮮市場賣不完的番茄拿來進行加工，避免浪費，但是這樣的做法現在非常少見了。

　　按照全球食品加工業的標準，要把番茄加工為番茄糊，意味著一方面要種植各種可適應工廠機器的加工用番茄，另一方面則要改造機器以適應加工用番茄。加工廠用挑選過的番茄品種來製造番茄糊，而這種番茄糊是不可能在自家廚房做出來的。番茄的水分在高壓烘乾機中，以低於攝氏100度的溫度逼出，這樣不會把番茄煮熟，裡面的糖分也不會焦糖化，產出的東西不會焦，也不會損壞，顏色也不能劣化，比方說變成棕褐色。工業加工傾向於盡可能保存水果的最佳品質。至少這是取得優質番茄糊的最理想方式。

　　要提煉石油獲取不同類型的油品有很多種方法，同樣地，番茄工業也可以製造出不同的品質，判斷的標準在於濃縮度、顏色、濃稠度、均化情況（是否有留下果塊）等。自19世紀這項產業開始以來，這種加工的原則幾乎沒什麼變化，但是生產規模和製造速度卻大大改變了。這個產業大幅成長且徹底全球化，以至於如今全球每一個人都在食用加工過的加工用番茄。

　　陽光是一種豐沛的資源，且不必花錢，因此所有加工用

番茄，不論是哪一個品種，都會在遼闊的田野中種植，並且在夏天採收。在加州，採收期有時從春天就開始了，一直到秋天才結束，一如在普羅旺斯。

我們對番茄幾乎已視而不見了，因為它早已融入我們的日常生活。番茄是許多垃圾食物不可或缺的成分，卻也可以是地中海飲食的食材。番茄超越了文化和飲食的界線，也沒有任何禁忌侷限。歷史學家費爾南‧布勞岱爾（Fernand Braudel）曾提出「小麥、水稻和玉米的文明發展」概念，根據主要農作物、食用的主食等，區分出各個疆域及其人口，如今全球各地卻已經轉變成單一且惟一的「番茄文明」。植物學家把它視為水果，海關人員認為它是蔬菜，貿易商眼裡看到的只是一桶又一桶的商品：番茄的消費擴及五大洲，也讓番茄產業迅速致富。番茄醬、披薩、各式醬料，不論是烤肉醬或墨西哥醬，微波食品、冷凍食品或罐頭食品……加工用番茄無所不在。番茄可以混入硬粒小麥（semoule）、米，成為全球庶民料理和養生料理的食材。在傳統料理中它更是不可或缺，從非洲燉肉（mafé）*到西班牙海鮮飯（paella），以及傳統菜餚掃把湯（chorba）*。從飛機上的番茄汁到西北非的番茄果醬烤麵包片，從澳洲到伊朗、迦納到英國、日本到土耳其、阿根廷到約旦，番茄糊和它的衍生

產品無所不在。我在調查期間發現，在一些貧窮國家的市場，
番茄糊有時是以「匙」作為買賣單位的，花很少的錢就買得
到，幾歐分（centimes d'euros）* 就有。番茄糊是資本主義
時代最容易取得的工業產品，對誰來說都是，即便是那些每
天生活費不足 1.5 美元的極端貧窮人口也一樣。資本主義時
代沒有任何一項商品可以像番茄糊達到這樣的全球性市場宰
制力。

　　據聯合國糧食及農業組織（FAO）資料顯示，有 170 個
國家種植番茄，不管是直接食用或是加工用；50 多年來，全
球的番茄食用量增長驚人。1961 年，馬鈴薯的全球產量約為
2 億 7100 萬公噸，番茄的產量為 2800 萬公噸，是馬鈴薯的
十分之一。後來，馬鈴薯產量提升了 2.5 倍（2013 年為 3 億
7600 萬公噸），番茄則成長了六倍，年產量高達 1 億 6400
萬公噸。番茄產業在 2016 年加工了 3800 萬公噸的番茄，占

* mafé 是一種常見於西非各地的料理，主要食材包括花生醬、番茄糊以及肉類
　（牛、羊、雞等，也可以不加肉），其餘食材則依地區不同而略有差異。
* chorba 是巴爾幹地區的經典家常菜，可拿來蘸麵包當作主食，常見食材包括
　豆子、番茄、洋蔥、胡蘿蔔、芹菜等。
* 歐分的記號為 ¢，100 歐分等於一歐元。

全部產量的四分之一。

　　廣告文宣或標籤上的品牌標誌總是把番茄呈現成圓滾滾的可愛模樣，但關於番茄的真相卻完全不是如此。商人正為了番茄掀起血淋淋的經濟戰。根據世界番茄加工協會（WPTC），番茄產業的年營業額高達 100 億美元。在這個小圈圈裡，全球人口消費的番茄有四分之一掌握在少數人手中；他們是義大利人、中國人、美國人……義大利的帕爾瑪（Parme）是孕育這個產業的搖籃，而後這個產業來到美國並蓬勃發展。帕爾瑪至今仍然是該產業的樞紐之一。當地的貿易商和工具機製造商仍在番茄全球產業鏈中的美國和中國這兩大巨頭之間扮演關鍵角色。

　　關於少數人瓜分大市場的新聞調查不少，這些少數依據不同的地緣政治利益或地緣戰略瓜分市場。從石油到鈾，從鑽石到武器，從電子產業不可或缺的稀土到礦產，調查從沒少過：所有原物料早晚都要接受嚴格的調查分析檢驗。基礎農產品也一樣。不過，卻有個東西一說出來就引人發噱。誰會對番茄進行調查？真是個笑話，番茄耶！然而……。

　　在調查最初，我發現每當我跟別人提到這個議題時，他們的反應是驚訝又覺得有趣。這種反應原本足以令人止步，後來卻成為動力。他們這種半信半疑的反應反倒讓我理解，

番茄的工業傳奇始終沒有人研究，也沒有引起別人關注。消費者完全不知道加工用番茄是如何征服了全人類。當然，他們或許知道「野生」番茄的原產地是南美洲，但是對於番茄工業始於19世紀古歐洲大陸的義大利這一段就不太清楚了。爾後，一家來自美國的最早期跨國企業亨氏崛起後，才在還沒有人知道何謂全球化的年代，就為番茄打造了這段貨真價實的全球化歷程。

　　我選擇到羅馬生活，學習義大利文。要從北到南探勘這座半島，四處探訪義大利大品牌的總部，以及坎帕尼亞（Campanie）的罐頭工廠，沒有比實際住在當地更理想的方法了。我行遍幾萬公里，從亞洲到非洲、從歐洲到北美洲，就為了回溯整個產業鏈。我走遍無數的農田和工廠。我和這個產業最重要的領導者進行訪談，也採訪了默默無聞的工人，還有一些落入赤貧的農夫以及住在大型貧民窟的採收工。

　　有什麼能比得上像加工番茄這樣的全球性商品更理想的？大家對這個商品都如此熟悉，彷彿它再自然不過了，理所當然該被食用的程度也像是超脫了時間的制約，不再需要被證明。我就以番茄為題，敘述它不為人知的崛起過程，它發跡的原因，藉此揭露全球化世界裡的生產體系。不論這個

故事有多麼像一則微不足道的花絮，它會不會其實隱藏著什麼不為人知的深度？甚至足以稍稍撼動工業化歷史的一般論述，和我們對全球化最新發展的看法呢？

美國那些大公司的歷史都不只是個人成功或企業的傳記
而已，因為這些大公司的發跡史同樣也可看出國家發展
的面貌。這些傳奇企業家從美國的世界觀獲取靈感，在
科技創新的鼓舞下、在基礎建設擴增的支持下，他們塑
造了美國，也塑造了自己的命運。有些永續經營的企業
發展成國際規模，影響了我們這個世紀。亨氏正是這樣
的其中一家企業。*

——亨利・季辛吉

---

* 這段話出自亨利・季辛吉為愛蓮娜・富・狄斯塔（Eleanor Foa Dienstag）著作所寫
的序言。《美味好夥伴：與亨氏同桌 125 年》（*In Good Company：125 Years at the
Heinz Table*），紐約，Warner Books，1994 年出版。

3
Chapitre

亨氏企業與亨氏主義

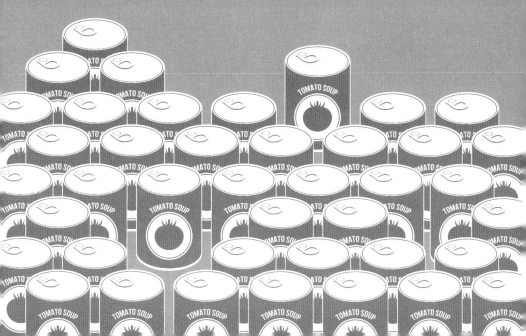

第 **1** 節

倫敦，不列顛圖書館

這是一個藍色小紙盒，裡面裝著一本印刷精美的冊子，標題「黃金之日」（The Golden Day）呼應了它精美的印刷。這本小書講述番茄產業史上不為人知的一頁：番茄在全球化概念的發明中扮演的先驅角色。1924 年 10 月 11 日，匹茲堡時間 18 時 30 分，舊金山 15 時 30 分，倫敦 23 時 30 分，分布在美國、加拿大、英國和蘇格蘭等不同城市的 62 場宴會正要完美同步展開。整體菜單嚴格要求全球一致。從太平洋海岸到不列顛群島，1 萬份相同的菜餚同時間供應。透過最先進的無線電通信技術，各大洲的揚聲器同步轉播賓州匹茲堡市主要宴會上的演說和歌曲，有 3000 多位賓客在那裡用餐。宴會的演說透過聲

波傳到南非開普敦，當地早就安裝了接收器。

在這 62 場遍布世界各地的同步餐宴中，到處都看得到綠色、金色與乳白色；它們是這家公司的歷史性品牌色彩，總是出現在它全球銷售第一的番茄醬標籤上。

這場品牌宣傳的奢華饗宴，是亨氏自己先前構想的。1924 年 10 月 11 日全球饗宴這一天，早上先是在匹茲堡企業總部舉行一場揭幕儀式，以紀念五年前過世的創辦人。在舖滿大理石地板並以一根根凹槽裝飾圓柱撐起穹頂的偌大圓形大廳內，公司最資深的女性員工有幸俐落地為一座高大的銅像揭開蓋布；會場出現了工業鉅子的身影——亨利·約翰·亨氏（Henry J. Heinz），他生前名列全美十大富豪之一*，是工業化資本主義史上不可忽略的一號人物。他在 1919 年過世時，亨氏公司已經是番茄醬、茄汁焗豆以及酸黃瓜罐頭生產的世界龍頭。這家跨國企業在世界各地僱用 9000 位以上的全職員工，採收季的僱員則超過 4 萬人，並且擁有 400 多節的鐵路貨運列車。

* 小奎丁·R·斯克拉貝克（Quentin R. Skrabec）著，《亨利·約翰·亨氏傳》（*H. J. Heinz, A Biography*），第 182 頁。

創辦人的銅像以及底座石頭上鑲嵌的兩面浮雕皆出自艾米爾‧富赫斯（Emil Fuchs）之手，這位藝術家最聞名的事蹟就是他為許多 20 世紀初的君王繪製肖像或雕塑。

第 2 節

「今天晚上我們所做的事情，換做是在幾年前，可能會被認為是奇蹟，」美國總統約翰‧卡爾文‧柯立芝（John Colvin Coolidge）在致詞時是這樣開場的。他接受邀請，透過電話對黃金之日的所有賓客致詞，這番談話也是全球饗宴中最重要的一場致詞。這位共和黨總統相當稱頌亨氏成功的典範：「1 萬個員工和企業主管共襄盛舉，慶祝公司成立 55 週年慶，共進晚餐……所有的人在地球上不同的地方、在同一時刻，聆聽同一群來賓的致詞。這說明了科技的日新月異有多麼美妙！同時也告訴我們，偉大的人生往往與創造及發明的進步緊密相連。每天我們都需要準備好加快腳步，趕上自己進步的節奏。」

柯立芝於 1923 年至 1929 年擔任美國總統，他最有名的事蹟就是為富人降稅以及採行自由放任的經濟政策。然而許

多經濟學家和歷史學家認為，自由放任的政策可能導致了1930 年的經濟大蕭條。1924 年，亦即舉辦黃金之日的那一年，亨氏印製了夾頁廣告，上面可以看見分成兩半的地球。每塊大陸上都有世界各地不同膚色的勞工，穿著本國的傳統服飾，所有人都被線條連接到中間的一個藍色圓形，周圍還裝飾著不同的水果和蔬菜，圓形上寫著「57 種美味好食物」、「從世界的花園到全球的市場」，廣告是這麼寫的；上面還說，分散在全球各地的 195 個營業點、商號或倉庫，方足以供給亨氏工廠所需要的原物料，這樣才能「將 57 種產品銷售到全世界的文明國家」。

第 3 節

1930 年 11 月 8 日，也就是亨氏第一次舉辦黃金之日的六年後，公司再度舉辦全球饗宴，幾萬名員工齊聚現場，再次在全球同步晚餐。這第二次餐宴時，亨氏企業的員工人數比前一次更多，因為西班牙和澳洲也加入了亨氏大家庭。這次輪到由美國第 31 任總統赫伯特‧胡佛（Herbert Hoover）發表演說：「我很高興參與這場全球員工向亨氏致意的盛會。

亨氏創辦以來，締造了產業內長達 60 年的和平繁榮的景象，能夠參與這場週年紀念慶祝活動，我個人相當滿意。亨氏這段漫長的歷史，見證了員工和雇主之間存在著共同利益，」共和黨總統如此聲明。

　　的確，亨氏已經成為美國最大的企業之一；而且公司成立以來，從未發生任何罷工事件，這在當時是相當奇特的。

　　「機械化作為現代文明的象徵是如此的強大，以至於我們往往忘記世上最奇妙、最強大的機器，便是男性與女性本身，」美國總統繼續說。一如前任總統柯立芝，胡佛也相當欣賞這家企業成為福特汽車那般的產業龍頭，亨氏在當時已是番茄醬產業的世界翹楚。然而，商業界對於這家跨國公司的愛戴並不侷限於它工業上的效率，也不僅止於其加工番茄的先進技術。如果說這些由亨氏所生產出來的紅色瓶罐能讓這麼多的美國政治人物、工業家或是財經媒體編輯如此著迷，最主要是因為每個人都認為亨氏體現了一種既罕見又充滿希望的可靠典範。這種企業模式能夠提煉相當驚人的附加價值，同時有效地阻止勞資衝突，並抑制社會主義與倡議該主義之工會的全球發展。而這種現象還在亨氏企業所有的跨國子公司都可以見到。

　　胡佛總統強調：「勞工衝突是工業最致命的廢料，不但

會使生產速度趨緩、降低生產成果，而且這些衝突會讓男男女女的精神與生活受到嚴重傷害，我們可以從勞資衝突導致的工作停擺、收入虧損來衡量損失的程度，但是人員的傷亡與蒙受的無謂痛苦是難以計算的。」

在亨氏公司舉辦的第二次世界饗宴，也就是 1929 年 10 月華爾街金融恐慌之後不到一年，推崇自由貿易的胡佛總統，滿懷熱情地向亨氏公司的員工和主管喊話，呼籲將其企業模式推廣到全球。的確，胡佛感到遺憾的是亨氏跨國企業的經驗「未能推展到全球」。他繼續又說：「若是亨氏企業的模式能推展到全球，那麼這世界就會有能力為人類創造無窮的幸福。」至此，胡佛徹底將亨氏傳奇奉為圭臬，也等於裁定了北美工業對全球救贖所做出的貢獻。

第 4 節
美國密西根州，迪爾伯恩（Dearborn）

美國神話始於何處？說穿了，美國神話就是一部工業冒險史。

我們可以在密西根州的迪爾伯恩找到一些答案。要參

觀這座頌揚工業資本主義的亨利・福特博物館（The Henry Ford Museum），有些觀光客家庭選擇搭乘蒸汽火車，其他遊客則是坐上了一輛如假包換的福特 T 型車（Ford Model T）在「綠野村莊」（Greenfield Village）中穿梭，該地有美國最大的常設展，既是遊樂園、也是墓園，緬懷那些「視野非凡、勇氣十足」的企業家。

迪爾伯恩是美國汽車工業的搖籃之一；在這裡，孩子們喝著汽水、吃著點心，一邊參觀愛迪生的實驗室、懷特兄弟的腳踏車店舖，或是亨利・福特的第一間工作室。觀光園區蓋好天橋，讓觀光客漫步在一條卡車生產線的上方，可以看見大量各類型的骨董汽車，不論是總統座車、農作機械車，或是從前飛行尖兵駕駛的老式飛機。這些投影燈照射下的骨董物件到底有什麼功用呢？它們訴說了一則傳奇，一段屬於美國的傳奇故事。

看到那五扇窗、兩座煙囪、紅色磚牆，實在很難把這棟小屋和其他建築混淆在一塊兒。這裡就是亨氏歷史的起點。我就是為了看它，才展開這趟朝聖之旅，來到迪爾伯恩這座資本主義的聖地。亨氏企業小屋就像是賈伯斯（Steve Jacobs）車庫的祖先。它也是億萬身價創業家那些狹小、簡陋的起家厝的始祖，彷彿飛黃騰達的事業就應該從這裡開始

似的。儘管沒有一丁點奢華排場的裝飾，也沒有任何特徵，卻不失為這個國家最傳奇經典的名勝之一。

　　亨利・約翰・亨氏的屋舍簡樸素雅，是亨氏家族在 1854 年建立的，位於賓州的夏普斯堡（Sharpsburg）；1904 年第一次拆除，並遷往匹茲堡的亨氏罐頭廠大型工業園區正中央重新組建。這棟屋舍成為企業的象徵，報刊、卡片、廣告海報、獎章以及亨氏的傑出員工胸章，都可以看到這棟屋子的複製像。就連聖誕節的燈，靈感也來自這棟小屋；1996 年時，這些燈飾還成為送給跨國企業員工的禮物。

　　後來，這棟小屋在又一次經歷搬遷重建後，於 1954 年 6 月 16 日，由亨氏企業在亨利・亨氏與亨利・福特的子孫見證之下，將這棟小屋捐贈給迪爾伯恩市的亨利・福特博物館。這一天，亨利・約翰（傑克）・亨氏二世在臺上隆重地將房屋鑰匙遞交給威廉・克雷・福特（William Clay Ford）。

　　「亨氏企業在此誕生」，入口的看板驕傲地標示著，「也在此研發許多先進的技術，影響了消費者的消費行為。亨氏運用品牌、商標和新的策略，為商品取得辨識度，也提升銷售量和獲利。」屋內展示跨國企業早期生產的商品，其中包括相當有名的八邊形番茄醬瓶子。它和可口可樂的瓶子，是全球美國化最著名的象徵物之一。

　　我注意到一張細心裱框的 20 世紀初亨氏企業海報，那是貼給員工看的；這也是我最喜歡的其中一張海報：小屋浸沐在神聖的金輝之中，堪比耶穌降生那天早晨的馬廄──「故事就是從這裡開始的」，海報上寫著。

第 5 節

　　亨氏傳奇是這麼開始的：亨利‧約翰‧亨氏從小就投身蔬菜罐頭市場，因為他幫忙德籍母親販售西洋山葵罐頭。今天，銷售到全世界的每一瓶亨氏番茄醬，瓶身上都寫著亨氏公司創立於 1869 年，也就是亨利‧約翰‧亨氏第一家公司成立的時間。然而這個訊息其實是錯誤的：亨氏公司也曾經倒閉，起因於 1873 年 5 月的美國銀行破產恐慌，那次金融危機造成後來 1873 年至 1896 年的經濟大蕭條。只是，亨利‧約翰‧亨氏身邊那些阿諛奉承的人極盡所能向大眾隱瞞公司曾倒閉的事實，就連在亨氏的第一本官方自傳《創辦人》（Fondateur）裡也沒有提到這一段；這本自傳出版於 1923 年 *，就在他過世後不久。實則，亨利‧約翰‧亨氏的第一家公司宣告倒閉，第二家公司「亨氏公司」，也就是今天我

們知道的亨氏企業，創立於 1876 年。

　　一年之後，年僅 33 歲的亨利·約翰·亨氏在他的工廠首次採用罐頭容器；然而 1877 年夏天的鐵路大罷工（Great Railroad Strike of 1877）重創了他的事業，罷工過程中最血腥的一幕，莫過於 7 月 19 日至 30 日為期不長的「匹茲堡公社」*事件。這場由美國鐵路工人發起的罷工，起因是反對資方削減工資與人力；罷工事件很快就集結了當時極度貧窮的人民參與。這場社會運動是由北美最早期的馬克思主義信奉者，也就是美國工人黨（WPUSA）所支持與發起，動員人數達到 10 萬多人。在許多州也同時爆發一些未經工會組織的罷工。罷工人士占領了芝加哥、匹茲堡和聖路易（Saint-Louis）。有一個禮拜的期間，東西岸間的通訊全然中斷。國家癱瘓，企業家不知所措：這就是美國第一次「紅

* E·D·麥卡夫提（E.D.McCafferty）著，《亨利·約翰·亨氏》，紐約，Bartlett Orr Press，1923 年出版。

* 霍華德 津恩（Howard Zinn）著，《美國人民的歷史》，紐約，HarperCollins，1980 年出版。

* 紅色恐慌（Red Scare）係指在美國興起的反共產主義風潮。第一次紅色恐慌發生在第一次世界大戰後期；第二次紅色恐慌始於 1950 年代初，由約瑟夫·麥卡錫（Joseph McCarthy）煽動的全美反共運動，影響層面甚廣。

色恐慌」（peur rouge）[*]。當時距離巴黎公社（La Commune de Paris）[*]事件僅僅六年，相關記憶仍在每個人腦海裡，暴動的景象和暴動者造成的破壞、鎮壓的場面，都令人聯想到美國內戰（Guerre Civile）。媒體也在問：無政府主義分子是否正試圖掌控美國？1877 年 7 月 25 日，馬克思寫信給恩格斯（Friedrich Engels）[*]說道：「請問你對於美國勞工的想法？這是自內戰以來第一次針對寡頭資本主義的起義事件，最終必定潰散，但它可能標記了美國工人黨的正式誕生[*]。」

抗爭事件在聯邦政府的武力大砲鎮壓下平息，鎮壓行動造成大量流血事件。馬里蘭州、賓州、伊利諾州和密蘇里州，到處都有罷工分子慘遭殺害，光是在匹茲堡這座城市就有 61人喪命。亨利·約翰·亨氏在日記裡詳細記載暴力事件的來龍去脈，對於人民在這段血腥時期站在支持階級鬥爭的罷工分子那一方，感到憂心忡忡。

「亨利·約翰·亨氏是一個肯下苦功的人。」歷史學家小奎丁·R·斯克拉貝克向我解釋。「當時，許多老闆的想法只是要不斷壓榨勞工，並且鎮壓他們的罷工，但他的腦筋卻已經想到更遠的地方。他出身平民階級。因此，他試圖發明一種公司治理模式，可以跳脫資方與勞工之間的衝突。就這樣他改造了後來我們所謂的管理。」[*]為了要擺脫後來所

謂的紅色恐慌，本身是清教徒，同時也相當注重衛生的亨利‧約翰‧亨氏，決定成立一種後來普遍稱為家長制[*]的企業。他的企業後來便成為該型企業的典範。他的公司內部社會組織型態也與最早出現的科學生產模式並行不悖。

第 6 節
匹茲堡，亨氏歷史中心（Heinz History Center）

早在福特以裝配線組裝標準化汽車之前，匹茲堡的亨氏工作坊已經採用真正的生產線來生產茄汁焗豆，透過細分

* 巴黎公社運動曾擁有部隊（Garde Nationale，國民自衛軍），曾在 1871 年 3 月 18 日至 5 月 28 日短暫統治巴黎，並且宣布要接管法國全境。

* 恩格斯全名弗里德里希‧恩格斯，德國哲學家，也是馬克思主義的創始人之一。恩格斯與馬克思是莫逆之交，他在馬克思過世後，助其完成《資本論》（Das Kapital）的編輯出版工作。

* 肯尼斯拉皮迪斯（Kenneth Lapides）編輯，《馬克思與恩格斯論工會》，紐約，Praeger，1986 年出版。

* 和小奎丁‧R‧斯克拉貝克的面談；可參考他的作品《亨利‧約翰‧亨氏傳》，Jefferson, McFarland, 2009 年。

* 或譯家長式管理、父權領導，是一種包含紀律、權威、仁慈與德性的領導行為方式。威權，是領導者對屬下有絕對的權威與控制；仁慈，是領導者關心屬下個人及其家庭成員；德性，是領導者本人具有美德且自律、無私。

化，讓工作走向自動化。罐頭包裝自動化始於 1897 年 *；換句話說，比福特 T 型車的生產早了 11 年。亨氏歷史中心的檔案保存了 1904 年拍攝的一些照片，照片中可以看到穿著亨氏制服的員工在生產線上工作——一瓶一瓶的番茄醬在軌道上移動。1905 年，亨氏賣出 100 萬瓶番茄醬；兩年後，銷量達 1200 萬瓶。在亨利·福特啟動福特 T 型車的組裝線之前，匹茲堡的亨氏工廠就已經使用輸送帶來運送商品了：一條自動軌道上安裝金屬籃子，裡面是罐頭容器，送往裝有沸水的消毒器滅菌。1903 年，當發明第一臺玻璃瓶自動生產機器的邁克爾·約瑟·歐文斯（Michael Joseph Owens）決定將其發明商業化時，亨氏公司立刻表示興趣，想為自家的產品生產瓶子，亨氏公司也因此成為全球最早大量使用該新式設備的企業之一。這項投資讓原本已經標準化的量產變得更加有效率。這個方案大幅降低了玻璃瓶的成本；長期以來，亨氏產品的銷售發展始終受限於這筆開銷，特別是瓶裝番茄醬。採用了歐文斯的機器設備之後，番茄醬瓶子的成本頓時降低為

---

* 同上。

原本的 1/18。多虧良好的能源管理和相關先進技術的發展，才有可能採用這些工業設備；匹茲堡的亨氏工作坊很早就不用煤炭，改用瓦斯；往後亨氏也成為美國最早與國家電力系統接通的先進企業之一。

就在幾年前，1898 年，工程師腓德烈・泰勒（Frederick Taylor）加入伯利恆鋼鐵（Bethlehem Steel）擔任顧問。這家公司位於賓州東部，是鋼鐵巨擘之一。泰勒運用了他針對工作實行的「科學管理」原則：嚴謹分析生產相關的所有工作、分工，以及每個職位的最有效化。「泰勒制」（taylorisme）很快地進入匹茲堡鋼鐵產業，接著在附近其他的工廠形成一股風潮，這些工廠自然也包含亨氏的罐頭工坊……亨氏甚至更進一步改善生產管理，運用輸送帶並將部分的生產過程自動化。

亨氏難道不是走在福特之前嗎？

用碼表測量勞工每個動作的時間、改除無用的動作、大幅增加工作節奏——一旦採用「科學管理制」，亨氏公司的效能大幅提升，最後促成了成本降低。亨氏是最早在公司工作組織上採用科學管理的農產加工食品企業，同時也使泰勒制聲名大噪，亨氏更成為美國量產企業先驅之一。

1905 年，亨氏企業橫渡大西洋，在英國建立第一座工

廠。亨氏早先從 1896 年起 * 就在英國設有據點，並外銷商品到當地。後來公司決定在當地生產。有一張 1903 年於倫敦拍攝的亨氏英國總部照片，照片中，英式建築物的牆面上刻著斗大的文字：

亨氏企業

美國

番茄產品

57 種產品

　　亨氏的成功可說是銳不可擋；光是在 1907 年，亨氏公司的投資就相當於美國食品工業整體投資的五分之一 *。1910 年，亨氏一年生產 4000 萬個罐頭以及 2000 萬個玻璃罐產品。由於產品銷售到世界各地，這個時期的亨氏成為美國最大的跨國企業 *。

　　1908 年，福特公司在底特律開設福特 T 型車的組裝生產線，而亨氏工坊早已擁有電氣化生產線，是美國最早有電話設備的廠房之一。

　　早在福特主義（Le fordisme）出現之前，亨利‧約翰‧亨氏所構想的組織已經有系統地採用泰勒制及生產線工作；此外，公司也採用高工資策略，鼓勵工人接受公司的規範──

亨氏堅持一種前所未有的家長制管理。員工不僅必須要符合工作上規範的行為與動作，而且也要投入公司規劃的生活：員工被鼓勵使用工廠附近設置的健身房、運動場或游泳池。另外也有圖書館，而館藏書籍和報紙都是精心選購的。員工的生活就這樣被安排，甚至按照老闆清教徒的價值觀去教育他們。其它的出版品一律禁止。想要休閒活動有公園；匹茲堡公園裡甚至飼養了一隻巨鱷，是老闆去佛羅里達旅行時買回來的。

　　這些福利措施的目的是要防止任何的衝突發生。而這就是亨利·約翰·亨氏的家長制管理方式最成功的地方。20世紀初，對手公司康寶濃湯也試圖改良生產方式，但是他們採用的是貝杜方法（Bedaux）*，泰勒制的翻版之一。由於工作條件過度嚴苛，也由於過度對工會施壓，康寶濃湯公司遭遇許多衝突，產生大規模的工會抗爭。同一時期的亨氏公

＊ 愛蓮娜·富·狄斯塔著，《美味好夥伴：與亨氏同桌 125 年》，1994 年出版。
＊ 《皮茲堡時報》（Pittsburgh Gazette Times），〈皮茲堡與其近郊之故事〉（The Story of Pittsburgh and Vicinity），皮茲堡，1908 年。
＊ 小奎丁·R·斯克拉貝克著，《亨利·約翰·亨氏傳》，第 189 頁。
＊ 查爾斯·貝杜（Charles Eugène Bedaux）是美國企業管理專家，他打破泰勒的科學管理思想侷限，創造了一種充分考慮工人疲勞因素的計點獎勵工資制度。

074 Chapitre 3　亨氏企業與亨氏主義

司則未曾發生這類衝突事件。康寶濃湯這種毫無節制對勞工「棒子伺候」的懲罰性管理方式，亨氏並未採行，而是有遠見且策略性地選擇「胡蘿蔔獎勵」的家長制管理。這種方式比較能夠維持公司高層所期待的秩序。公司獎勵那些擁有優良品德的優秀員工，愈聽話的領愈多，這樣的策略讓公司獲得許多益處，跟亨利・福特實施「每日五美元」的策略時所期望獲得的效果一樣：勞動部門能夠服從且有效率，降低員工離職率，增加勞工的消費水準，因為其中一部分的消費可能會花在自家公司所生產的產品上。

　　從 1890 年開始，亨利・約翰・亨氏在公司內部設立了一個「社會學部門」：它的任務在於研究勞工，並且向他們發動心理安撫措施，就像福特企業後來所做的一樣。亨氏也同時擁有一支公司內部的突擊部隊：這是一個貨真價實的特殊部門，由經過精挑細選的菁英員工組成，負責讓員工在工坊之內保持秩序、節制，維持良好品德，並向所有其他員工灌輸公司的經營理念。

　　亨氏企業在企業界的名聲很快就廣為流傳，它最為人津津樂道的就是從來沒有員工罷工，即使在社會動盪的時期也是如此。

第 7 節 匹茲堡，荷姆塢公墓

　　20 世紀之初，匹茲堡是世界主要經濟中心之一。在這裡造就了許多工業鉅子。有錢人開始住到城市所謂的「東區」*。這一群人當中有許多銀行家、眾議員或參議員（華盛頓離這裡不遠）；當然也少不了實業家──最顯赫的億萬富翁都是鋼鐵業大亨，例如查爾斯·施瓦布（Charles Michael Schwab）*、亨利·克萊·弗里克（Henry Clay Frick）*，或是世界首富安德魯·卡內基（Andrew Carnegie）*。電力大亨喬治·威斯汀豪斯（George Westinghouse）、玻璃工業之父愛德華·利比（Edward Libbey）也都是「東區人」（East Enders）。亨氏家族是該地區最龐大的家族之一。今日，在這一座綠意盎然、莊嚴靜謐的墓園中，昔日的鄰家依然比鄰

* 小奎丁·R·斯克拉貝克著，《全球最富有的社區：看皮茲堡東區人如何建構美國工業》（The World's Richest Neighborhood : How Pittsburgh's East Enders Forged American Industry），紐約，Algora Publishing，2010 年出版。

* 施瓦布年輕時曾在卡內基底下做事，後來創辦伯利恆鋼鐵（Bethlehem Steel Corporation），成為全美第二大鋼鐵生產公司。

* 弗里克與卡內基曾是事業夥伴。

* 卡內基被稱為鋼鐵大王，他在事業高峰期被視為世界第二富人，僅次於同時代的洛克菲勒（John Davison Rockefeller）。

而居。亨氏家族的家墓是一座白色立方體，上面有玻璃窗與圓頂做裝飾，和聲名狼藉的亨利・克萊・弗里克的墳墓只有幾公尺之遙；1892 年 7 月 5 日至 6 日晚間，這位鋼鐵大亨的私人部隊以溫徹斯特步槍謀殺了九名罷工的工人。

第 **8** 節 匹茲堡，亨氏街

穿過橫跨阿勒格尼河（Allegheny River）的老兵紀念大橋（Veterans Bridge），遠方矗立著兩座紅磚砌成的煙囪。其中一座標著「亨氏」，另一座則標著「57」彼此呼應。在資本主義史上，匹茲堡的「57 種產品之家」（這個稱呼是來自亨氏公司當時選擇的行銷標語）並非任何一家一般的工業財團：這是全世界食品工業的搖籃。

在工業化過程中，不論在歐洲或美國，生產罐頭的勞工聘僱都符合當時的性別刻板印象——準備食物的工作落在女性身上。在匹茲堡這座鋼鐵工業中心，男性被聘用來操作高爐和煉鋼。女性代表著可支配的勞動力。而且她們有一項優點：同樣的工作，女性的薪資比男性的薪資少兩倍，亨氏老闆對這一點也是再清楚不過了。

　　要瞭解女性勞工過去的工作條件，罐頭工廠是一個不可忽略的地方。1900 年，亨氏公司有 58% 是女性員工。徵聘條件開放給 14 歲以上的女姓。女性勞工主要由單身人口組成，年齡介於 14 至 25 歲之間，平均年齡在 20 歲以下；資料是根據美國史上最早的一份社會學研究《匹茲堡調查》（*The Pittsburgh Survey*，1907 年至 1908 年）[*] 而來，其最終報告於 1911 年出版。這項研究由六大卷組成，附有路易斯・海因（Lewis Hine）拍攝的照片；海因是社會學家和攝影師，他透過相片讓美國童工問題得以被看見。這份研究動員了 70 多位調查員。這份史料珍貴，記錄了匹茲堡貧窮的工人遭受無情剝削的血淚。報告以嚴謹、詳實的方式，採用精確的統計數據，描寫工人的日常生活，將當時的報導或廣告宣傳與事實相對照，對美國社會帶來重大的文化衝擊，成為 20 年後邁向「進步時代」（Progressiste Ere）[*] 改革的關鍵階段。

＊ 匹茲堡調查由保羅・凱洛格（Paul Kellogg）主持。這項有關美國都市化結果的研究，是早期最具規模也最有系統的調查研究計畫。

＊ 1890 年至 1920 年間在美國的社會行動主義與政治改良湧現的一個時期。

　　《匹茲堡調查》第一卷關注女性勞工的生活，由社會學家伊利莎白・貝爾德斯萊・巴特萊（Elizabeth Beardsley Butler）撰寫，標題是〈婦女和商業〉（Woman and the Trades）。調查一開始講述城市裡罐頭工廠的工作環境。賓州法令規定每週最高工時為 60 小時；然而根據作者的調查，罐頭工廠的每週工時居然可達 72 小時。

　　今天，記錄生產線工作情況的影像資料中，最常見的是裝配汽車的場景，基本上這是男性的工作——這些影像支撐了我們對早期工業量產的視覺想像。然而，如果按照真正的歷史，年輕女孩的影像也應當出現在我們的記憶中，這些女性都還是十幾歲的青少年，待遇差、手臂上滿是燒燙傷痕跡，站在罐頭輸送帶後方，頭戴著白色工作帽。她們也理應被歸入陷落在可怖工業節奏中，被壓榨的無產階級行列。所有往後福特主義公認的特點，早在十年前亨式制度提供給員工的工作條件中就已經存在了。

　　福特主義是一次世界大戰後逐漸普及使用的一個新創詞，主要用來描繪北美經濟證實可行的創新生產方式。十年後，它成為了義大利曾入獄服刑的共產黨員安東尼奧・葛蘭西（Antonio Gramsci）＊用來分析工業主義並提出理論的研究對象，指出工業主義在社會層面上的重大影響，特別是人類

被機器奴役、分工的缺點，以及對勞工剝削的擴大。

亨利·福特在 1922 年出版的回憶錄《我的人生即工作，工作即人生》（*My Life Is Work, and Work Is Life*）中，承認自己深受食品工業管理方式的影響；他表示在青少年時，受到芝加哥屠宰場的工作組織方式很大的影響──也就是厄普頓·辛克萊（Upton Sinclair）*在 1906 年出版的小說《屠場》（*La Jungle*）*中所描寫的那些屠宰場。

所以說這世上的確沒有什麼是偶然發生的。泰勒制、亨氏主義和福特主義都是從相同的工作組織原則中取得靈感：同樣的量產策略、同樣的資本主義世界秩序觀……。農產加工食品業和汽車業的先驅都有同樣的想像和實踐的例子。唯一不同的是，比起福特 T 型車，亨氏企業量產的罐頭和玻璃瓶裝醬料產品對工人而言是比較容易入手的物品。所以亨氏的產品比較早就在美國被購買、消費。

＊ 安東尼奧·葛蘭西是義大利共產黨創始人之一。

＊ 辛克萊是美國左翼作家，曾獲得普立茲獎肯定。

＊ Jungle 字義指「叢林」。本書以芝加哥的肉類加工廠為背景，描繪貧困的移民在惡劣艱險的工作環境求生存的故事，點出工人階級的絕望與官僚階級的腐敗問題。

　　無論這事實看起來有多麼令人驚訝，亨氏公司這一個半世紀以來在番茄工業界的主角，在工業資本發展史中也占有特殊地位——一個真正領航者的地位。生產力藉由機械化進步、標準化和合理化生產；透過新式管理的壓力，讓工作變得更加緊湊；家長制管理使勞工融入資本主義社會……等。亨氏跨國企業從一創立，便塑造了一個典範，而且不僅可以在美國發揚光大，還更進一步擴及全球各地。

第 9 節

　　「生產出最好的食物，如果沒有消費者支持，只是事倍功半……」在 1950 年發給新員工的歡迎小手冊中，〈亨氏向全世界發聲〉是第一章。文章中提到涉及公關和品牌的廣告部門：「廣告部門在刺激並維持需求量這方面起到重要作用。要評估廣告的成效，只需觀察我們產品的銷售曲線，並認知到『亨氏』和 57 種產品早已馳名全球……50 多年來，亨式廣告出現在各大雜誌，我們早已獲得獨一無二廣告高手的名號。在許多店家、商場附近都可見到亨式的廣告，看板和海報都在推銷亨式產品——這些廣告都是一種持續的

提醒。廣播電臺也扮演非常重要的角色，它將我們提供的訊息傳播給數百萬聽眾。此外，我們其他的活動也很重要：教育部門提供一些廣告頁面給女性雜誌、烹飪雜誌的編輯、廣播中烹飪教學的美食評論家、（也提供建議）給各種中央廚房以及學校，我們提供學校合宜的資訊。我們的嬰兒食品部門和醫院、保母、營養師、家庭主婦合作。我們的展覽部門在餐廳業者和醫療協定的聯合會介紹亨氏的產品。我們的經濟事務部著手協助所有其他部門，研發並測試數百種亨式廣告、新聞稿和手冊中所使用的方法與技術。如果有一天有人問你，亨式廣告部在做什麼，你可以簡單回答就是『向全世界發聲！』因為這是真的。」

4

Chapitre

新疆兵團與紅色經濟

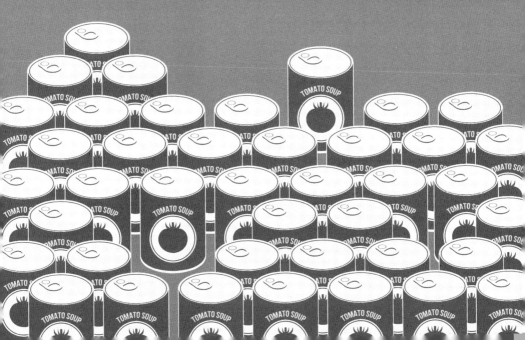

第 1 節

中國，北京

　　個高級豪華、與世隔絕的社區，位於高爾夫球場旁邊，這裡是北京朝陽區。要走進第一道鐵柵欄，必須請一位穿黑色制服的警衛通知，待他拿起電話，啟動入園程序。圍牆甚高，裝有通電網，也有很多監視器，每 50 公尺就設置一支。十分鐘後，柵門打開了。在翠綠的封閉園區裡面，有其他警衛騎著自行車巡邏。園區內有許多園丁，豪華轎車也不少，就停在建築師設計的各間別墅前。我們再度停在第二個檢查站；第二位黑衣警衛，又啟動另一道入園程序；第二次等待；然後再次聽到無線電的電子雜音；接著柵門開啟。

　　中基公司創立以來，一向拒絕外界採訪工廠，也不接受

劉一將軍跟我約在他這座戒備森嚴的家碰面——一座專為中國寡頭政治菁英設計的住宅，劉一是中基這間農軍企業的創辦人和前經營者。在劉一將軍的指揮之下，中基在 2000 年時成為全球第一的番茄糊外銷公司。就是這家企業在 2004 年收購了普羅旺斯的工廠小木屋。中基公司是「兵團」引以為傲的傑作之一，而兵團本身則是屬於解放軍掌控之下的新疆財團。

中基公司創立以來，一向拒絕外界採訪工廠，也不接受與記者訪談其管理階層。就連番茄產業兩家最具代表性專業期刊，食品新聞網（Food News）與番茄新聞網（Tomato News），這些立場無疑對業界友好的媒體，旗下最專業的記者也不得其門而入，無法獲取中基實業的任何消息，即便是該企業的基本資料也很難取得。今日，該公司依然保密到家，以軍事般的規格戒備著。一些負責外銷中基番茄糊的業務人員雖然有時會對外發言，但通常要求匿名，而他們給的資訊也僅限於生產量或出貨量等。他們從不透露關於投資、戰略決策、合作夥伴或是內部權力鬥爭之類的資訊。

2014 年 6 月，我才剛開始進行這項調查時，去參加了一場全球加工番茄產業會議（WPTC），地點是義大利的錫爾苗內（Sirmione），靠近加爾達湖（Lake Garda）邊。全球的

「番茄大王」都出席了這場盛會。專門製造番茄糊的加工集團、貿易商、多國企業的買家，例如亨氏、雀巢、聯合利華；專門研發包裝的領導，貨運公司、船東、種子供應商公司、農化業者，以及在全球各地販售一站式方案番茄加工廠的義大利工具機製造商。所有人都出席了這場會議。全球高階主管祕密會談，為期三天。所有電視臺的錄影機都不准攜入會場，只有兩個例外：歐洲農業委員會的視訊會議，以及義大利農業部長在閉幕式表揚「義大利生產品質」時的發言。這三天，我試著認識更多的人，初步接觸一些潛在的資料提供者，索取更多名片，惡補更多關於加工用番茄的課程，瞭解番茄糊地緣政治的基本常識；在一位親切同胞（他是支持基改的種子供應商）的護航之下，我甚至在沒有邀請卡的狀況下，闖關成功參加了有樂團演奏的豪華晚宴。

　　這樣鍥而不捨地追查，終於讓我在第二天一場雞尾酒會上，達成我的頭號目標，找到中基實業的代表團。當時該公司的兩位代表也獲邀出席會議：吳明和于莉莉（音譯）。他們兩人先前始終保持低調，在會場中遠離人群。他們都沒有發言。這位吳明實際上是中基集團的第二號人物，是公司的副總裁。吳明是從北京地質大學畢業的工程師，上海大學經濟系畢業；他向我表示他不喜歡人家提問，尤其不喜歡我的

問題。他一旁的于莉莉會說法語。她向我解釋，她在南法艾克斯－馬賽大學攻讀經濟學，曾以中基代表的身分加入艾居厄河畔卡馬勒的小木屋管理團隊做事。可惜的是，她跟我講了一些場面話之後就消失了。想要談論中基實業，當時連門兒都沒有！然而兩年後，我卻終於達成了我的目的。

第 2 節

劉將軍在 1994 年成立中基實業，以鐵腕治理該公司 20 幾年，隨後突然於 2011 年離開，原因不明。從這一天起，對許多製造商和貿易商而言，劉一就像是已經人間蒸發了。由於他驟然離開中基實業的職位，大家都說他失勢了，有些人甚至猜測他會不會是因為貪汙而遭革職。謠言傳得沸沸揚揚，但證據闕如。一位相當有影響力的貿易商對我說 *，劉總裁的護照暫時被扣押，這位中國總裁遭到調查。這位貿易商並

* 2016 年 10 月 18 日於巴黎舉辦的法國國際食品飲料展（SIAL）。

不是一般人，他的公司在 2014 年從中基實業手中收購了小木屋。他因為與劉一的商業往來頻繁而與他熟識，曾經向中基購買了許多番茄糊。他一度還是劉一最大的客戶。只不過，這一切並沒有任何證據可以佐證。

　　不論是在食品工業的國際商展會上或是到中國天津會見相關產業商業人士，每次我詢問這他們有關劉一的下落時，有些人保持沉默，其他人則對劉一的下場幸災樂禍並向我解釋道，在這紅色產業裡，總裁豎敵不少，也引來許多尖酸刻薄的批評；畢竟同行相忌，他的遭遇也不足為奇。

　　說到底，劉一總裁究竟是誰？他的下落為何？他是否因為政治因素而惹禍上身呢？或者他是新上任的主席習近平肅貪之下打擊的對象？自從發起肅貪行動以來，超過百萬共產黨員已經遭到調查[*]；尤其在番茄業，這個競爭激烈毫不留情的產業，這樣的揣測並不令人驚訝。但是我不甘於聽信他人的揣測，我必須與他會面，當面採訪他。

* 〈習近平在中國共產黨內反貪污運動〉，《世界報》（Le Monde），2016 年 10 月 24 日。

　　我最想從他身上知道的就是中國工業番茄產業鏈不為人知的歷史祕辛：中國如何轉換跑道種起加工用番茄，並成為全球第一的加工用番茄外銷國？這真是令人費解的奧祕。要解開這個謎團，最好的方法就是直接採訪番茄加工業創立者當中的佼佼者。

　　1990 年起，中國在番茄加工業上異軍突起，2000 年初期還一度成為全球番茄糊的最大生產國。2016 年，雖然加州取代了中國成為全球首屈一指的生產地，但是中國依然是番茄糊的最大外銷國家。為什麼一個沒有相關內需市場的國家會決定投入這項特殊的產業？畢竟中國自己並不怎麼食用番茄糊。為什麼在新疆這個中國的「西部蠻荒」，種植加工用番茄？解放軍或兵團在其中扮演了什麼角色？中國兩大巨頭中基實業與中糧集團彼此衝突的理由又是什麼呢？

第 3 節

　　他襯衫領口的鈕扣沒有扣起來，脖子上的金鍊條閃閃發光。這個菸不離手的男人不停地把玩著一支支手機。他的辦公桌堆滿關於非洲番茄產業變化的市場研究。在採訪他的過

程中，劉總裁對他在 2011 年離開中基實業的原因，始終講得不清不楚、支吾其詞。不過他倒是對我熱情接待，他希望此刻只談他個人的傳奇。

和他這一輩的其他經營者一樣，劉一只會說中文，即便他一輩子和外國人做生意，買下小木屋之後曾經一度居住法國，而兵團也曾在香榭大道上設立辦公室。當時，劉總裁每個月都要飛法國，他的好友之一就是亞尼克·梅薩迪利（Yanik Mezzadri），法國最重要的加工用番茄貿易商。小木屋被併購時，他擔任這家普羅旺斯公司法籍主管和中基實業之間的中間人。如今，梅薩迪利是「番茄新聞網」（Tomato News）的老闆；這位法國貿易商也是法國最大的番茄加工廠老闆，工廠設置於隆河河口省塔拉斯孔市（Tarascon）。梅薩迪利依然是擁有影響力的貿易商，尤其在中國商品銷往全球市場這個領域。

關於 2000 年代，劉將軍還保留了法國政府核發的居留證作為紀念；他從錢包拿出居留證，微笑著拿給我看，我翻到身分證背面——地址就是小木屋所在地，沃克呂茲省艾居厄河畔卡馬勒市的皮奧朗街。「我是兵團的孩子，」劉一開始說著[*]，「是兵團養育了我。我在兵團長大，也為兵團工作。」

第 **4** 節

　　兵團……要瞭解新疆的政治經濟組織，以及加工用番茄的全球產業鏈，就一定要先熟悉當地最強大政府組織的內部運作：新疆生產建設兵團，通稱「兵團」。

　　兵團是一個龐大特殊的行政組織結構，它同時也是一個聘僱並管理超過 260 萬人的軍事組織，這是根據 2011 年兵團內部拍攝的影片得來的官方數字，該影片是我在烏魯木齊透過非正式管道取得的。兵團的地盤分由 14 個師（或稱農業處）管理，14 個師下轄 175 個「農民團」。2011 年，兵團旗下共有 14 個商業公司，其中包括中基實業，兵團的精銳之一。中基的對手中糧集團並不屬於兵團。這兩間專營加工用番茄業的巨頭是各自獨立的不同單位。中糧集團屬於國家中央，而中基實業屬於兵團。不同的地方就在於新疆生產建設兵團是國家之中的國家。新疆幅員之大，相當於三個法國，而兵團掌控當地大約三分之一的可耕種面積，並且占當地工業生產總量的四分之一。這樣一個軍、農、工組織之所

＊ 2016 年 8 月 21 日訪談劉一。

以出現，是因為新疆的歷史；新疆是中華人民共和國五大自治區之一，位於中國最西邊：對於共產政權來說，確保這片遼闊且蘊藏豐富石油、瓦斯、煤炭與鈾，也適合建立「敏感」軍事基地（1964 年至 1996 年間，在塔克拉瑪干沙漠共進行了 45 次核彈試爆，其中 23 次是直接在大氣層中試爆）的戰略性疆域，從屬於中國是其主要目標。因此，除了特殊的行政體系，中國共產黨選擇把這塊領土變成漢族的殖民地，並加以「經營」。這樣的計畫執行起來並不容易——這個地方長期以來對外封閉，每次聽到這裡的相關消息就是有暴力事件發生，例如 2009 年 7 月 5 日至 8 日，烏魯木齊爆發大規模動亂：漢族和維吾爾族（突厥語族、遜尼派伊斯蘭教徒，約 900 萬人）發生種族衝突，根據官方統計，共有 197 人死亡，1684 人受傷。

中國第一次擴大政治勢力到新疆，要上溯到 18 世紀中期，清朝的時候，引發了當地族群的反抗，接著中國勢力再次展開同化的企圖[*]。1864 年至 1877 年間短暫獨立過，

＊ 瑪婷・布拉爾（Martine Bulard），〈中國的西部拓荒史〉（Quand la fièvre montait dans le Far West chinois），2009 年 8 月刊載於《世界外交論衡》（Le Monde diplomatique）。

1884 年又被中國併入。之後，該地建立名為東突厥斯坦的土耳其伊斯蘭共和國，但只維持短短幾個月（從 1933 年 11 月至 1934 年 2 月），中國最終拿回了該疆域的治權。此後，1944 年至 1949 年間，部分領土又歸給蘇聯。1949 年，中國正式將新疆納入版圖，結束了它長期以來獨立的企圖。在當時，新疆的漢族總共才 20 萬人，今天卻已經高達 1100 萬人。繼殖民政策之後，如今中國啟動「新絲路」計畫；這是地緣政治行銷包裝上的狡猾新說詞，意味著要強化貿易交流發展計畫，跨越鄰國（總共八個，包括哈薩克、阿富汗、巴基斯坦、印度喀什米爾、俄國等），加強與伊朗、中東、歐洲及非洲的貿易。

　　這個地區仍然是高戒備區。與外界的溝通不易，而且受到高度監視。這裡的網路比北京還要受更嚴格管制。在新疆的某間飯店，我必須尋求許可才能接聽一通外部打來的電話。許多烏魯木齊的飯店、餐廳或商店是在安全門接待訪客；在當地兩個城市之間移動，司機必須走走停停，因為中途有太多的檢查哨。在烏魯木齊，每個路口遇見鎮暴卡車和警察支隊是家常便飯。其實一到機場，氛圍就已經不一樣了，機場出現許多穿戴頭盔、荷槍實彈的人員。所到之處瀰漫著一種戒嚴的氛圍，而這還不是「中國西部」與中國東部沿海地

區唯一的差別。

　　兵團是新疆特有的龐大企業集團，結合了軍事、農業和工業。它的歷史性任務是新疆的殖民統治。兵團在這塊土地上憑空建立城市，並加以管理。醫院、學校、大學、農村、工業區……等等。兵團就像章魚，將觸角延伸到所有的產業之中。兵團開墾礦產、生產原物料，再進行加工。從其田裡生長的棉花會被運送到其棉紡廠；農地上生長的番茄採收後，到自有的工廠裡加工，一部分也會再送到兵團的罐頭廠包裝。自有的飼養圈供應到自家屠宰場和農產食品加工廠。兵團大量養殖和栽種，收成都提供給其集團內的自家企業，包裝加工成各類食品。除此之外，兵團還有強大的化學工業。

　　兵團的創立可回溯至 1954 年 10 月。「當時，按照中央政府的意思，人民解放軍的官兵要加入新疆生產建設兵團」，兵團提供給成員的慶祝宣傳影片中娓娓道來，背景音樂是軍歌。我在烏魯木齊找到了這支影片，並存到我的隨身碟。螢幕播放著資料影像：軍事閱兵、坦克車、農耕機排列整齊，在無垠農田上工作的空照圖。聯合收割機 * 排成完美的一斜線，在農田上行進，彷彿天安門廣場閱兵中的坦克車隊。一架飛機噴灑著農藥。工廠火力全開地運作。興建中的高樓大廈……然後，畫面連結到貨輪裝載著貨櫃的影像。影片中彷

佛見到不斷追求生產力的經濟模式就在眼前創造奇蹟：「在塔克拉瑪干沙漠，沿著邊界，兵團將幾百萬公頃的土地變成農田，將沙漠轉變成富饒的綠洲，」旁白評論員這麼說著。「兵團建造了現代化的農業、現代化的工業。在其帶領下，城市如雨後春筍般從平地中出現。兵團結合了黨、軍、企三方，聽命於中央政府和新疆黨委會……」。

對兵團而言，集約農業（intensive farming）* 和國際商業彷彿是以另一種形式延伸的戰爭。對一個西方人而言，新疆生產建設兵團的介紹影片，簡直像是一部對毫無節制採行生產主義的滑稽浮誇頌揚。問題是，這可是一部兵團內部的正式宣傳影片。2011 年，兵團的生產總額達 968 億 8400 萬人民幣，約 132 億歐元。

影片的介紹繼續著：「2011 年，兵團生產並出口了全亞洲最多的番茄。兵團以鮮血和熱情守護著國土邊界並開發土地，是人類最光榮的組織之一。今日，兵團布局全球，讓全

* 即 combine harvester，有輪式與履帶式二種，可收割農作物且進行脫粒，並將籽粒、莖稈、穎糠和其他雜物分離。
* 集約農業是相對於粗放農業的一種農耕方式，也就是在單位面積的土地上，大量投入勞力與資金，以提高單位的面積產量。

世界都變成兵團。」

　　片尾的畫面是鈾礦、核能電廠、番茄採收和一些社會主義寫實主義風格的建築。最後的影像是空拍合成的，讓人看見快速變化的空間正在都市化，就像電玩中的蓋房子遊戲。

第 5 節

　　「1977 年，中國才開始經濟改革開放。國家重新舉辦了大學入學考試，於是時我決定參加考試。我進入新疆美術師範學院就讀，」劉一將軍跟我說。「學業完成後，我在另一所大學教了八年的書。但是，1989 年，我離開教職投入創業。一開始我只是經營邊境貿易，也就是新疆和哈薩克、新疆和俄羅斯等國之間的貿易。1994 年，我創立中基實業，1996 年，我進入番茄產業。2000 年，中基實業成為上市公司。我決定停掉公司其他領域的活動——不動產、家具製作、飼料製造、牛豬養殖——只專注於番茄產業。」

　　「起初，中基實業創立的時候，我持有 30% 的資本額。兵團的國營資本，也就是兵團背後的國營企業，持有剩餘 70% 的股份。當時兵團下轄第二、第五和第八農業處。當中

基實業正式上市，我賣掉手上所有的股份；如此一來，兵團就持有中基實業的全部股份。這樣的結果合乎邏輯，因為兵團是土地擁有者。2010年，為了更有效經營企業、簡化管理，兵團讓出所有的股份給第六農業處。為什麼選擇第六農業處呢？因為大部分的農地都是屬於第六農業處。這麼一來，管理上會比較簡單。」

　　所以，劉「將軍」其實從未指揮過作戰單位，而是掌管了一家全部股份由解放軍持有的企業。在他的指揮下，成千上萬個中國工人投身於番茄商業大戰。

　　「我開始做番茄的生意時，」劉一回憶道，「在這個產業裡，全世界沒有人認識中國工業；當時，最有名的是義大利、南法、西班牙、葡萄牙、加州、一部分的土耳其、突尼西亞……中國還不是一個強權。做了市場研究之後，我向兵團提出一份計畫：讓中國成為世界上重要的番茄生產基地。中基實業有一個最大的優勢：該企業集團所做的，符合政府決定將農業工業化的政策。」

　　從前新疆主要種植的作物是麥子和棉花。但是，該類作物的種植遭遇到農藝學上的瓶頸：在兩年的採收之後，必須種植其他作物。於是，在尋找另一種能取代棉花並且帶來經濟收益的作物時，我們認為番茄是最佳選擇。兵團擁有廣闊

的疆域、大量的土地、眾多的資源。我們也獲得了政府的支持。於是許多必要的資源和土地又發放下來。地方政府一如兵團的上級長官，大家對於這個『紅色』產業都深表贊同。」

　　「當時，兵團決定讓中基實業成為它的主要公司，它的核心事業。就這樣，我們變成了全球第一。」

5

Chapitre

寫一部番茄史

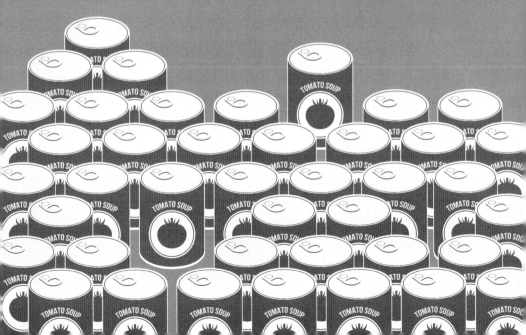

第 **1** 節

義大利托斯卡尼，阿爾貝雷塞（Alberese）馬雷瑪自然公園（Parco della Maremma）

鮮紅色的果實粒粒成熟，在橄欖樹環繞的田野裡閃閃發亮。「明天就要收成了。」農民這樣表示。我站了起來，一邊欣賞他這座令人歎為觀止的有機農場，一邊啃著一顆果肉厚實的果實，那是我隨手摘來的，依然有日晒的溫度。「你看，那裡有一隻兔子！」兩位媒體公關專員突然叫了出來，他們來自柏迪集團（Petti）這個安東尼奧・柏迪（Antonio Petti，1886 年至 1955 年）於 1925 年在維蘇威火山（Vesuvio）山腳下成立的義大利公司。

柏迪企業 20 世紀以來陸續在非洲和中東開拓許多市場，1971 年成為去皮番茄的全球龍頭，接著在 1980 年代初期成

為全球小盒裝番茄糊的最大生產國；2000 年初，它供應了非洲番茄糊 70% 的需求量，2005 年起在奈及利亞擁有一座工廠，負責加工再包裝中國番茄糊。今日，這家拿坡里的公司早已是番茄全球產業鏈無法忽視的巨人，是紅金產業棋盤上的一張王牌。這個集團是全世界第二大的番茄糊買家，僅次於亨氏公司。「柏迪，以番茄為中心」，義大利電視上經常可以看見這個口號。

　　這個集團在義大利有好幾座工廠，每座工廠各司其職。位於義大利南方，坎帕尼亞（Campanie）的那座歷史最悠久的工廠，並不負責加工番茄——這座工廠專門接收桶裝番茄糊，其中多數來自中國，再由工人用機器把番茄糊加工再包裝到一個個貼有「義大利製造」標籤的小罐頭裡。位於薩萊諾省上諾切拉鎮的柏迪，是全歐洲最大的罐裝與條裝番茄糊工廠，該集團把這些商品外銷到全世界。集團現任的總裁就是在上諾切拉工作，他的名字和祖父一樣，都叫做安東尼奧·柏迪。我必須與他會面。

　　然而，因為不想要一步錯、全盤皆輸，把這次調查至為重要的機會搞砸，同時也知道許多那不勒斯這邊的企業家對自家生意上的事情都不願多談，所以我決定先在托斯卡尼的本圖里納（Venturina）進行首次試探。在這裡，柏迪集團針

對義大利產的加工用番茄進行加工——該集團也不斷在廣告文宣中大肆強調這種在地品質。從托斯卡尼工廠生產出來的番茄罐頭和那不勒斯出品的有天壤之別。這裡只加工義大利生產的番茄，有一部分還是有機的；而這裡出產的番茄糊和醬料，主要銷往義大利半島上的本地市場。

儘管就這樣讓媒體公關專員帶領，在馬雷瑪自然公園裡面走著，一面欣賞戶外的景色，我知道大家帶我來看的是集團最體面的門面；剛剛那隻來偷吃有機番茄的小白兔，只不過是幫這幅美麗如伊甸園明信片的景色錦上添花。我自願在這座花園裡信步徜徉，假裝相信媒體公關人員準備好的說詞，暗中卻期待這樣的表現能為我換取機會，可以在上諾切拉與安東尼奧・柏迪相遇訪談。當然上諾切拉是絕不會有什麼小白兔跑來嬉戲的。既然現在我已經啃食了禁果，真正的重頭戲應該可以上演了吧。

第 2 節
托斯卡尼，本圖里納

造訪任何一家番茄加工廠，第一個注意到的就是那震耳

欲聾的噪音，一種遠方機器傳來的尖銳警報聲。番茄加工廠內，首先撲鼻而來的是一種特殊的氣味，那是數以萬計的番茄在夏天的熱浪中烹煮的味道。那味道一開始還算溫和，久而久之開始變得凝重，揮之不去，最後甚至會讓人感到不適。那種味道，業界人士經常美其名將其拿來跟廚房裡正在調製醬料的味道相比。不過事實上，那是一整個夏天全天候 24 小時都在烹煮成千上萬噸番茄的廚房才會有的氣味，總之那種空氣瀰漫飽和的味道令人作嘔。

進入工廠，我穿上白色工作服、戴上鑲邊衛生帽，由管理幹部中的一位經理陪同。現在是晚上 10 點。參觀的時候，我走近幾個站立在輸送帶旁挑番茄的員工。番茄輸送帶正全速運轉。這些女性員工的工作是把輸送帶上面太綠或是壓壞的水果挑出來，有時也要把那些小樹枝、甚至是卡在運送卡車儲藏櫃裡一起被運過來的小動物或昆蟲取出。這裡看得到的番茄都是由機器採收的。每年夏天，這座工廠就像全世界其他番茄加工廠一樣，讓男男女女在夜間工作，為的是讓企業主得以加工更多的番茄，讓工廠機器的稅務攤提更有利，榨出工廠的最大產能，進而透過增加利潤來提升公司的競爭力。

在這些挑選番茄的工人旁邊，我還看到全新的工具機機

具：光學番茄篩選機。我看過這種篩選機，那是在帕爾瑪的一場專業博覽會上，機器的研發者向我介紹過。這種機器有光學感應功能，可以偵測出任何看起來不像紅番茄的東西，每一秒可以掃描接連不斷通過的幾十顆番茄，透過閘門葉片的篩選，在加工輸送的過程中，把那些長相不佳的番茄汰除。所有顏色不紅的番茄，或者不甚混入的異物都會「啪」的一聲被當場淘汰。「這種技術真的很棒，」在帕爾瑪時，機器製造商向我解釋。「這些機器可以全天候 24 小時連續運作，而且不會失誤。最主要的優勢是可以節省開銷、精簡人事。有了這臺機器，就不必擔心員工疲勞、精神不濟造成的疏失，它也不需要放假，更不用給付它有薪假。」這臺機器可以讓公司賺更多利潤，不需要那麼多的勞工。

　　「義大利的勞動力成本不斷升高，」為了壓過廠內的噪音，隨行的工廠經理人拉高分貝在我耳邊喊道。「這些機器的效率非常高。當然，它們也要價好幾百萬歐元，但是幾年不到就可以回本。」

　　番茄加工的流程從挑選、洗滌開始，接下來番茄得去皮、去籽，在蒸煮的過程中碾碎、烘乾，最後再依據生產線的不同，加工變成醬汁或番茄糊。整個流程幾乎看不到番茄。大部分的運作都是在機器內部或冒著煙的輸送管中進行。

等到終於再次看到番茄的紅色的時候，已經是自動填充裝瓶機的步驟了。整個填充裝瓶機就像一座旋轉木馬，轉動中吞噬著一個個空瓶，接著迅速將其裝滿醬汁。裝滿之後，就封瓶消毒。這些瓶子就在我頭頂和四周運行。生產線的末端，可以看到另一臺高科技機器。這臺機器負責給所有裝滿的瓶子照 X 光——機器一瓶一瓶分析，把每一瓶番茄拍照，控管品質。如果玻璃瓶有瑕疵、密封不完全或是瓶內含有異物（碎玻璃或小石子），就會立即汰除。警鈴響起通報工作人員，他就會過來取走瓶子、送去鑑定，提出事件報告。

第 3 節

工廠參訪結束，我見到了帕斯夸烈‧柏迪（Pasquale Petti）[*]，他是這個地方的所有人，也是柏迪家族帝國富有的繼承者。我們在工廠頂樓保留給高階主管的露臺上用餐。帕斯夸烈‧柏迪從頭到尾滔滔不絕地講著。這位企業家有點

* 2016 年 7 月 26 日訪談。

過於激動。他坐在餐桌的盡頭，開始長篇大論，砲轟大型量販店：「我們一直努力拚品質，製造百分之百的托斯卡尼產品，然而這些量販店只在乎價格。他們要榨乾你最後一分錢，對於我們的努力卻完全不看在眼裡。在這裡，我被迫在自己的生產線上，幫他們的自有品牌生產，可是我卻完全沒有自主權。他們這樣的做法根本是掐著我們的脖子。他們明明連上一批貨都還沒接收，錢也還沒有付，卻可以命令你生產新單，要你交出大量的番茄醬！這就是我要為柏迪的品牌奮鬥的原因，這樣才能保障我的生產品質，製造更多利潤，並且生產更理想的產品。但是，說老實話，你 *想知道如果你是生產工廠，大型量販店會要求你什麼嗎？你想知道它究竟要什麼，我必須幫它們生產什麼東西嗎？」

　　我有點驚訝於他的多話，以及他的憤怒，我聽著帕斯夸烈‧柏迪滔滔不絕，只是偶爾應聲，要他繼續說下去。我是想知道：對呀，量販店究竟要什麼？「他們想要盡可能便宜的產品，看起來有番茄醬的樣子而且吃不死人。我拿給你看……」。

　　他突然起身去拿一罐番茄糊，還拿了一個大沙拉碗、一瓶水和一支湯匙。圍著餐桌的幹部全都僵住了，不發一語地看著老闆發言。他繼續說：「現在，我要讓你瞧瞧，真材實

料的番茄醬和大型量販店自有品牌賣的那種爛貨有什麼差別，看他們逼我們生產了什麼。你瞧，拿一些番茄糊，然後加水攪拌看看，攪拌再攪拌……」。

帕斯夸烈・柏迪仍然憤憤不平，激動地攪拌一勺勺加了清水的番茄糊。液體逐漸地混合均勻。將濃縮番茄和大量的水混合之後，變成均勻的紅色液體。「你看吧，這就是量販店要的自有品牌番茄醬！現在我開一罐柏迪番茄醬，是用百分之百托斯卡尼番茄製造的。你嚐嚐，說說有什麼差別。」

這也難怪他引以為傲。帕斯夸烈・柏迪在托斯卡尼生產的其中一種番茄醬，果然有番茄醬真正的風味與質地。

第 **4** 節

隔天 *，兩位媒體公關專員對我說，帕斯夸烈・柏迪無法出席原本約定好的錄影訪談。老闆「有重要的問題要解決」，她們這樣解釋。連跟我同行的同事澤維耶・德勒（Xavier

---

* 義大利人講話比法國人更常也更容易使用「你」而不用「您」。
* 2016 年 7 月 27 日。

Deleu）要幫我拍攝根據本書內容翻拍的紀錄片也都被禁止，我們甚至不能在此地逗留。所有安排都被突然取消。到底發生了什麼事？難道是柏迪昨晚的「忘情演出」讓那兩位媒體公關專員決定取消訪談嗎？還是工廠裡面真的有什麼問題？我想要再跟他們商量一下，但徒勞無功，只能接受這樣的決定。「帕斯夸烈必須親自處理這些問題，」其中一位媒體公關專員對我說。儘管兩位媒體公關專員之前做公司簡介時，都盡力只講公司亮麗的一面，事到如今卻落得只能讓我們在會議室苦等，面對一些招牌樣品。等待的同時，為什麼不讓我們拍攝外面載番茄的卡車來消磨時間呢？到底怎麼了？我們得不到任何解釋。

　　我現在別無它法，只能要求跟帕斯夸烈·柏迪握手道別，並且利用這短暫接觸的機會詢問關於他父親的一個問題，因為我很期待在義大利南部的坎帕尼亞與他父親會面。過了 20 多分鐘，帕斯夸烈·柏迪現身了，臉上一副比昨天還要憤怒的樣子。我向他寒暄問候，也跟他提到我的計畫：追蹤番茄加工產業的歷史，採訪這一行的幾個重要人物，包括他父親。為了讓我的計畫聽起來更有可信度，我還提到幾位我已經採訪過的重要義大利製造商以及在該國有影響力的貿易商。「什麼！你說什麼？」他突然發脾氣。他拉高嗓門，把臉湊

近我的臉。「你要寫番茄史？我們幫你寫。」接著他轉向其中一位媒體公關專員：「妳！妳來幫他寫他的番茄史，好嗎？我們來幫你寫。但是要小心，千萬別把所有人混為一談，你給我明確指出那些跟中國合作的人，要指名道姓，懂嗎？這些人，就算有小孩在田裡工作，他們也根本不在乎！這跟我在做的是不一樣的！因為我們這裡是用托斯卡尼番茄做的番茄醬。你要是把我跟我父親相提並論，可能會毀了我的形象，懂嗎？」

　　我往媒體公關專員那兒瞧了一眼——她們臉色發白，動都不敢動。她們都是盡忠職守的員工，努力把工作做好，她們帶我到托斯卡尼的伊甸園，那裡種滿了美麗的義大利有機番茄。她們努力維持的公司對外形象正要被老闆的脫序演出給一筆勾銷了。突然，他抓起一個罐頭，似乎還意猶未盡：「你看到這罐頭了沒？我爸爸呀，同樣的罐頭，它可以放入三個不同國家產地的番茄糊。我爸他，他跟中國買了很多番茄；所以說，你千萬別把我爸爸和我做的事業混為一談！你別擔心，我們來幫你寫你的番茄史！」

6

Chapitre

義大利農業黑手黨與組織犯罪

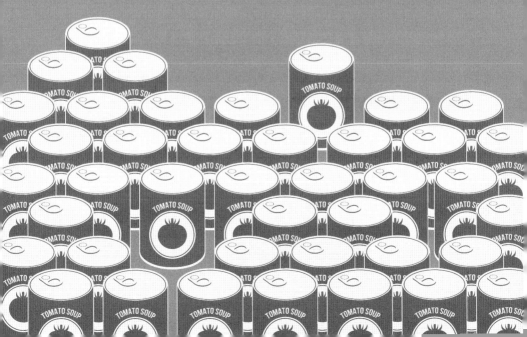

第 1 節

義大利坎帕尼亞，薩萊諾港

巨大的貨櫃懸吊於纜線，在他頭頂上方緩緩移動。他沿著碼頭走，右手拿著一張導覽圖，指示這十個貨櫃屯放的位置。他走過靠岸的一艘貨輪，接著往右轉，然後在一堆被太陽晒得發燙的金屬堆積物旁蹲了下來。最後，在兩扇褪色的橘色門前，他拿起貨櫃上的數字鉛封，做最後一次的數字確認並核對紙本，接著又站起來。在他後方約 30 公尺處，一輛大型貨櫃運輸車警鈴大作地呼嘯而過。正如他的制服所顯示的，埃米利亞諾‧格拉納多（Emiliano Granato）是義大利海關官員，任職於薩萊諾港的反走私部門。他用一個手勢表示同意，接著往後退一步。一位戴頭盔的工人往前走，頭盔上印著「薩

萊諾貨櫃航運站」；他來到貨櫃門邊，拿起鉗子，掰開鉗子的把手，彎下身去。鉗口夾住貨櫃封口，緊緊地咬住。一塊被剪開的銀色蓋子飛到我腳邊。工人打開貨櫃，發出一陣陣金屬摩擦聲。貨櫃飄出一股塑膠和腐木的味道。我走近一看，裡頭裝滿一桶桶中國製三倍濃縮番茄糊。

　　自從中國番茄產業鏈出現之後，那不勒斯與薩萊諾港成為中國番茄糊的兩個重要目的地；長期以來，義大利南部一直是它的首要目的地。薩萊諾是吞吐量低於那不勒斯的小港，不過平均每天至少有十個貨櫃的中國三倍濃縮番茄糊抵達該港，相當於每周平均約 70 到 80 個貨櫃，高峰期可達 200 個。2014 年，在薩萊諾港卸下的中國三倍濃縮番茄糊約有 9 萬 2000 公噸，商品總值約 6900 萬歐元。2015 年，進口的中國三倍濃縮番茄糊來到 9 萬 8000 公噸，有申報的商品總值約 9100 萬歐元。那麼，2016 年的進口數量是否下降了呢？

　　「沒有，」這位海關官員回答。「我們就隨機拿 2016 年 6 月 15 日為例，有 350 公噸的中國番茄糊抵達薩萊諾港。6 月 16 日是 487 公噸，同日第二批是 505 公噸。6 月 22 日是 384 公噸。6 月 23 日是 496 公噸。6 月 28 日也是 496 公噸。6 月 29 日有兩批番茄糊到港，第一批是 387 公噸，另一批

是 5432 公噸，商品價值約 390 萬歐元。一直到今天，數量都還是持續增加的。」

從歷史的觀點來看，從 1990 年代末中國番茄工業興起，中國在 2001 年加入世界貿易組織以來，所有通過薩萊諾港進入歐洲的中國三倍濃縮番茄糊，幾乎全是由三家那不勒斯的番茄生產商吃下 *，分別是：AR 食品產業（AR Industrie Alimentari，採已故創辦人暨總裁安東尼奧・盧索的縮寫），總部設於薩萊諾與那不勒斯之間的安格里（Angri）；來自下諾切拉的安東尼奧・柏迪・夫・帕斯夸烈（Antonio Petti fu Pasquale）公司，位於安格里以東幾公里處；以及來自薩爾諾（Sarno）的朱加羅（Giaguaro）公司，位於諾切拉北部幾公里處。這三家公司都位於維蘇威火山腳下，地處內陸，但距離薩萊諾港與那不勒斯港都不超過 40 公里。近幾十年來，它們供應小罐裝番茄糊給歐洲絕大部分的超市，以及非洲、中東或美洲大陸的部分地區。

不過，義大利南部不只是出口番茄糊小罐頭。在番茄罐頭的出口方面，梅索茲歐諾（Le Mezzogiorno）地區也幾乎壟斷了全球市場，不論是整顆去皮番茄或是切丁番茄。2015 年全球交易的 160 萬公噸番茄罐頭中，義大利外銷到全球的產品就占了 77%（價值超過 10 億美元）；西班牙占 10%；

美國、希臘、葡萄牙和荷蘭合計不到 10%[*]。

第 2 節

「部分抵達義大利南部的中國濃縮番茄糊，會先在那不勒斯的罐頭廠加工，再供應給歐洲市場。」薩萊諾港的海關官員向我解釋。「不過，番茄糊絕大部分不會留在歐洲，而是重新加工之後再出口。終點站可能是其他洲的任何一點。這些進入歐洲接著又出口的番茄糊是根據『進口加工』（perfectionnement actif）[*]海關程序入港的。」他進一步說明。

歐盟有很多種進口貨品的合法途徑。最常見的是一般進口，這一類的產品進口後在歐盟成員國內直接消費。這一類

* 資料來源：下諾切拉鎮檢察長，2010 年 10 月，取自瑪拉‧蒙提（Mara Monti）與盧卡‧朋茲（Luca Ponzi）合著之《萬惡食品》（Cibo criminale），羅馬，Newton Compton 出版社，2013 年出版。

* 〈2015 番茄產業全球貿易結構〉（Architecture mondiale des échanges en 2015），番茄新聞網，2017 年 1 月。

* 即 inward processing，或譯「進料加工」。此處是指允許企業從國外進口商品，並在歐盟成員國內進行加工；一旦完成加工程序，就須繳清關稅與增值稅（除非商品會再外銷到其他國家）。

進口貨物必須徵收進口關稅，才能通過歐盟國家的海關進到歐盟內。對於加工用番茄而言，徵收的關稅金額占商品價值的 14.4%。還有第二種進口番茄糊的途徑，這種方式讓進口商免於被徵收關稅——也就是「權宜措施」*，也稱為「貨物暫存」或進口加工。根據歐盟海關法規，「進口加工的制度，主要是為了促進歐盟內部專營商品加工或修復等企業的經濟活動，以利這些第三國商品的再出口。」這項法規的邏輯很簡單：假設有家歐盟的企業，比方說香水製造商，從亞洲進口原物料來製造他的產品，而這些產品將出口到歐盟以外的國家，那麼這批原物料就可以免除關稅。這樣的關稅體系下，雖然有助於提升製造商的競爭力，另一方面卻削弱了有辦法生產相同原物料的歐洲企業。因為從此他們的亞洲對手就可以進入歐洲市場和他們競爭而不受關稅阻礙。這樣的關稅策略其實來自於自由貿易背後經濟理論——「比較優勢理論」的實際應用*該理論是自由主義的理論基礎之一，提倡貨物自由貿易的世界觀便是奠基於這個理論。這個理論提出了一個假設：在貨物自由貿易的背景之下，如果每個國家都致力於最有生產力的活動，那麼國際貿易就可以增加這些國家的「國家財富」。這也是全球化承諾的偉大願景：所有人都能藉由自由貿易獲益。可惜的是，在番茄產業這一行，

每個人獲益的多寡程度都不盡相同。

　　今天，用進口加工的方式進口三倍濃縮番茄糊，就可以在歐盟免徵進口關稅。不過，要讓進口貨物被海關認定為是「臨時通關」，貨物一旦進入歐盟，就必須被「加工」後再出口。於是，大量的中國番茄糊通過坎帕尼亞港口進入申根地區。這種中國的番茄糊一路被運到那不勒斯的工廠，在那裡進行復水（rehydrate）* 並重新包裝成罐頭，罐頭外部印上義大利三色旗，接著將這些三色旗罐頭重新外銷到歐盟以外的國家。

　　2015 年，據義大利海關官方統計數據，有 9 萬公噸的三倍濃縮番茄糊以進口加工的名義進入義大利。這些番茄糊在義大利南部加工，然後再出口到歐盟以外的地方，主要是非洲和中東。同年，還有 10 萬 7000 公噸的番茄糊進口到義大利後再出口，然而是以一般貨物進口的方式進行：這些是國外生產的番茄糊，進口到義大利後，再出口到歐盟國家，例

＊即 temporary measure，或譯「暫時措施」。

＊ Theory of Comparative Advantage，由古典經濟學家大衛・李嘉圖（David Ricardo）於 1817 年提出。

＊或譯「再水化」，使物品再成水化物之意。

如法國或德國。

　　中國番茄糊這種以進口加工之名免除關稅進到歐盟，加工過程中只用水和少許的鹽稀釋成三倍濃縮番茄糊，然後洗產地變成義大利製商品以進行「價值創造」的做法，實際上是一門非常有利可圖的生意。商品標籤從未標明番茄糊的實際產地。更糟糕的是產品包裝還會偽裝成產地是義大利；「中國」兩字不曾出現在包裝上面，瓶身反而只印有「義大利」，這是因為歐盟沒有相關立法強制規定。

第 3 節
義大利，羅馬

　　根據義大利最大農業生產者工會「柯迪荷堤」（Coldiretti）的說法，中國番茄糊一旦以進口加工的通關程序抵達歐盟境內，幾家那不勒斯的食品加工廠便開始進行一種非常簡單的騙局。他們故意鑽加工進口的法律漏洞，藉此獲取利潤。據該工會的說法，那不勒斯的加工廠會以進口加工的方式進口中國番茄糊；其中一部分的確會再出口，但是另一部分則留在歐盟境內銷售，也就是沒有再外銷，這是一種典型的詐欺

手法。

　　據柯迪荷堤工會的觀察，幾家那不勒斯的罐頭工廠，同時也是歐洲最大的幾家日常食用番茄糊罐頭製造廠，都有向海關謊報進出口數量的嫌疑。這不僅是為了逃避 14.4% 的關稅，更是為了在品質方面偷工減料——偷天換日洗產地，把中國番茄糊變成義大利番茄糊。

　　「沒有什麼是比番茄糊更像番茄糊的了，」羅倫佐‧巴札納（Lorenzo Bazzana）向我解釋道，他是柯迪荷堤工會的加工用番茄專家。他那位於羅馬的辦公室擺滿琳瑯滿目的罐頭。「先進口桶裝三倍濃縮番茄糊，接著出口雙倍濃縮番茄糊。把本來的大型無菌桶裝番茄糊，變為數量或多或少的一個個罐頭製品。一開始是三倍濃縮番茄糊，後來就成了罐頭業者宣稱的雙倍濃縮番茄糊。」

　　羅倫佐‧巴札納是有理由這樣強調的：通常，在全球市場上（含括非洲市場和歐洲的大型超市），罐裝或長條裝的「雙倍濃縮番茄」產品標示通常名不符實。事實上，裡面的產品是已經和水稀釋過的三倍濃縮番茄糊，而不是用番茄在工廠加工、直接製造出來的雙倍濃縮番茄糊。

　　那不勒斯企業遭到這樣的質疑，紛紛嚴正抗議，反駁該工會的說法。許多義大利番茄產業同行認為這個爭論是毫無

意義的：對它們而言，義大利南部的海關已經都確實執行工作，審慎檢察進出口的番茄糊總量；海關確認過相關數量，不論稀釋程度如何，進出口量都是相等的。如果罐頭工廠以進口加工的程序輸入中國番茄糊，後來卻沒有按規定再外銷到歐盟以外的國家，它們也都有按規定被課徵關稅。

　　「歐洲的海關控管不足。」羅倫佐‧巴札納反駁道。貨櫃很少被確實打開檢驗。原則上，從頭到尾真正有檢查的是貨物的報關文件。「至於『進口加工』這件事情，」這位工會成員接著說，「應該歸咎於歐洲法規的寬鬆規定，他們認定在中國製的三倍濃縮番茄糊裡加一些水和鹽巴，就可以稱之為加工。這是想唬弄誰呀？我們工會對於這樣的加工定義很有意見。我們認為『加工』和『雙倍濃縮』的定義需要重新討論。對我們而言，雙倍濃縮就是雙倍濃縮，不是什麼三倍濃縮加水稀釋！」

　　這幾年，該工會發起示威抗爭、抵制中國番茄，因此今後不採用義大利番茄製造的番茄泥（tomato puree），將不得在義大利半島內販售。同樣地，義大利農業部頒布一紙行政命令，規定這一類番茄泥一定要標示番茄的原產地。但是這項法令目前只在義大利執行。其他歐盟成員國並沒有同樣的規定，更不用說歐盟以外的國家了；因此，這些國家也就繼

續販賣著外包裝印有義大利三色旗或普羅旺斯色旗，但內裝的番茄醬、濃汁、番茄泥卻是用中國番茄糊製造的產品。這種標準不一的情況，使得義大利某些企業得以繼續合法使用外國進口番茄糊生產番茄泥，然後再用義大利的形象與品牌行銷。於是，今天在歐洲所有超市販售的「義大利」番茄醬料產品，裡面可能不含一丁點的義大利番茄，而這些產品是無法在義大利境內販售的。

　　「第二個問題是，」羅倫佐・巴札納繼續說，「如今在義大利，如果一座商港的查緝頻率增高，對於一些產業要角來說，就會比較沒有意願在這裡工作……在此同時，港口之間在運輸流量和貨物總量上其實會互相競爭。較少被查緝的港口，企業自然比較喜歡；港口的查緝加強，它的競爭力就會降低。物流自然也就會偏向其他管制較鬆的港口……」。

　　根據2016年非政府組織「國際透明組織」（Transparency International）的排名，義大利是歐洲第二貪腐的國家，僅次於保加利亞，第三名則是羅馬尼亞。

第 4 節
坎帕尼亞，薩萊諾港

「我們對中國番茄糊只進行衛生檢驗。」在薩萊諾港反走私部門工作的海關官員埃米利亞諾・格拉納多向我表明。「番茄糊並非我們認定的危險物，所以不需要特別檢驗。」

所謂「衛生檢驗」，係指義大利海關會要求番茄糊必須是乾淨、可供人類食用的。「如果商品不符合衛生標準，它並不會被銷毀。」海關人員補充說，「通常，我們會把貨物送回中國。」

未達衛生標準、不會被銷毀……貨物會被送回出口商那兒，出口商也可能將這批貨物改送其他地方，運往地球上另一座檢驗較鬆散的港口，例如非洲。可悲的是，這樣的處置方式並非特例，番茄產業的主腦，一如全球化經濟中其他產業的支配者，往往把非洲視為一座大型垃圾場，所以非洲吸收的還不只是義大利海關拒絕的貨物。世界加工用番茄協會祕書長索菲・柯勒文 (Sophie Colvine) 說，「一些廠商的番茄糊庫存過剩，已經快要過期時，某些沒有良心的製造商會把它們賣到非洲。」

　　加工廠之所以有過多的庫存，是因為桶裝番茄糊的價格和其他原物料一樣，會隨著市場需求和產品的供給量而變動。「紅金」並未在芝加哥期貨交易所（Chicago Board of Trade）這座世界農產品交易所掛牌上市。番茄產業的交易，是由買賣雙方直接進行櫃檯買賣。兩桶看起來一樣的番茄糊，價格可以因為品質不同而差距一倍。桶裝番茄糊的的生產日期愈久，持有人就愈想要出清庫存，交易價格也就會降低。由於市場全球化，衛生標準卻隨國家而異，偏偏中國加工廠又以擅長說謊，或至少從不對生產或持有的番茄糊庫存做正確申報而惡名昭彰，因此全球相關買賣的炒作交易可謂前仆後繼，有時會導致囤積過多的庫存。

　　惡性循環便於焉產生。過量的庫存濃縮品屯放久了，只能賤價脫手。有些企業偏愛以低價收購這一類番茄糊。而後他們找到了銷售市場，於是開始習慣以同樣的價格買入囤積許久的番茄糊。一個中國「陳年」番茄糊的市場就此形成，主要銷售目的地是非洲。不合食用、囤積許久甚至是過期食品──非洲媒體開始轉述海關公告，尤其當海關在大規模查緝行動中查扣數量可觀腐壞番茄糊時。2014 年 9 月 21 日，阿爾及利亞海關執行業務時，在阿爾及爾港（Port of Alger）

查扣 40 個滿是過期的中國番茄糊的貨櫃[*]。該年，阿爾及利亞進口超過 2000 萬美元的中國製番茄糊[*]。2016 年 3 月 16 日，輪到突尼西亞查扣 3 萬個不合食用的番茄罐頭[*]，而突尼西亞是全球番茄罐頭平均消費量最高的國家之一。雖然突尼西亞本身也生產加工用番茄，但它在 2014 年卻花費超過 200 萬美元進口加工過的番茄[*]。2015 年 4 月 24 日，突尼西亞國民警衛隊（Tunisian National Guard）在阿爾魯奇地區（Allouche region）破獲 400 公噸過期的番茄糊罐頭，這些罐頭都是用已經變質腐壞的番茄糊製造的[*]。2013 年 11 月 25 日，突尼西亞的納布勒市（Nabeul）有超過 100 萬個過期的番茄罐頭[*]等著被銷毀。2011 年，奈及利亞的衛生部門，勒令一座位於拉各斯州（Lagos）伊凱賈（Ikeja）的工廠歇業，因為在該廠發現 2609 桶進口的番茄糊全都已經變質腐壞——該廠顯然準備把它們重新包裝後再出售[*]。同年，奈及利亞進口了 9140 萬美元的中國製番茄糊[*]。2008 年，同樣是在奈及利亞，一家專門進口桶裝番茄糊製造罐頭的非法番茄罐頭工廠遭到拆除，兩位工廠負責人因走私遭到警方逮捕[*]，另外還有 2 萬個罐頭遭查扣。根據該國防治仿冒、山寨、盜版之執法單位透漏，這些罐頭可能危害身體健康，食用後可能致死的腐壞番茄糊，其進口登記證號以及有效期限標示

都是假造的。

　　這些不堪人類食用的番茄糊走私活動也發生在非洲以外的地方。2011 年 2 月，在吉爾吉斯（Kyrgyzstan）[*]的首都比斯凱克（Bishkek）查扣數千噸變質腐壞的番茄糊，16 節運貨列車箱滿載中國番茄糊。這些食品已經過期兩年了，原先由沙烏地阿拉伯的通路商買下，接著又轉賣給吉爾吉斯的通路商。

* 〈阿爾及爾港口：查扣 40 個貨櫃，內容物是進口的過期中國濃縮番茄糊〉，出自：www.reflexiondz.net，2014 年 9 月 21 日。
* 「經濟複雜性觀測臺」（Observatoire de la complexité économique），出自：www.altas.media.mit.edu。
* 〈貝加市：3 萬個過期番茄罐頭被查扣〉，出自：www.jawharafm.net，2016 年 3 月 17 日。
* 「經濟複雜性觀測臺」（Observatoire de la complexité économique），出自：www.altas.media.mit.edu。
* 〈400 公噸過期番茄糊被查扣〉，出自：www.jawharafm.net，2015 年 4 月 24 日。
* 〈超過 100 萬個不堪食用的番茄罐頭被查扣〉，出自：www.tuniscope.com，2013 年 11 月 25 日。
* 〈工廠重包裝再販售過期番茄，被 NAFDAC 勒令歇業〉，出自：www.pmnewsnigeria.com，2011 年 3 月 22 日。
* 「經濟複雜性觀測臺」（Observatoire de la complexité économique），出自：www.altas.media.mit.edu。
* 〈LASG 發現非法番茄糊重包裝廠，逮捕二人〉，出自：www.tundefashola.com，2008 年 12 月 4 日。
* 〈LASG 吉爾吉斯遣回上千噸過期番茄到中國〉，出自：www.rfer1.org，2011 年 2 月 11 日。

在全球市場上，很多不符合個別國家衛生規範的番茄糊，仍然可以廉價販售到別處，運往另一個管制較寬鬆的國家；那裡的法規或許比較鬆散，或者比較容易鑽漏洞，不管是因為沒有緝查或者因為可以賄賂官員。這些腐壞產品先是被賤價脫手，之後就在工廠用少許成本「重新加工」，再次販售。

番茄產業裡所有專業人士對非洲的看法都一致：在非洲，市場在意的只有價格的問題，品質優劣不是評判標準。愈便宜的番茄糊反而愈受到市場歡迎，劣質的番茄糊遲早會找到買家……該產業中所謂的「黑墨水」，也就是最劣質的貨品，同時也是最廉價的產品，通常都是銷往非洲。這種番茄糊囤積許久、氧化嚴重、腐爛敗壞，以至於已經失去了紅色的色澤。是名符其實的黑墨水。為了要把這些桶裝黑墨水銷售出去，有些人會把腐壞的番茄糊和品質較佳且顏色較鮮艷的貨色摻混在一起，但是這種做法並不常見。最常見的方式是混入一些番茄糊更便宜的原料，例如澱粉、黃豆纖維，之後再加入些許紅色素，讓它看起來更新鮮……。

第 5 節

　　義大利的農產食品加工業領域犯罪情況猖獗，該國各機構組織還為此創了一個新的名詞：農業黑手黨（agromafia）。隨著黑手黨「傳統（犯罪）產業」的飽和，以及 2008 年金融海嘯導致經濟成長放緩，農業黑手黨的活動近十年來不斷增加。義大利反黑手黨調查局（Anti-Mafia Investigation Directorate）估計，2011 年，黑手黨在義大利的農業總營收高達 125 億歐元，相當於義大利年度非法活動產值的 5.6%。2014 年該數據更達到 154 億歐元[*]。該年度達能集團的總營業額為 211.4 億歐元。

　　如今，義大利農產食品加工業（agribusiness）的各分支都有「老大」的影子。從莫札瑞拉乳酪（mozzarella）到肉製品，沒有一樣義大利的傳統美食不受幫派的影響控制。全球化趨勢下商品四通八達，「義大利製」的品牌光環，以及農業本身的結構性轉變，這一切都助長了農業黑手黨的崛起。

[*]〈農業黑手黨與人蛇集團：第三次報告〉（Agromafie e Caporalato. Terzo rapporto），出自：義大利總工會農產食品加工勞工協會（FLAI-CGIL）報告，Ediesse，2016 年。

從反黑手黨國會委員會到義大利各大工會，大家都注意到這個問題，也為犯罪組織在農產食品加工業持續擴張的影響力感到憂心忡忡。

這個現象背後的邏輯其實很簡單。「卡莫拉」（la Camorra，起源於坎帕尼亞）、西西里島黑手黨（Cosa nostra）、光榮會（la 'Ndrangheta）（起源於卡拉布里亞）、聖冠聯盟（la Sacra Corona Unita，起源於普莉亞 Pouilles）等犯罪集團，在各自地盤上用犯罪活動累積下來的資金，需要找到門路進到「白色（合法）經濟」中，才能再次流通，投入新的地盤，產生新的營收。而說道洗錢，有什麼方法比販售美麗玻璃瓶裝橄欖油與義大利製精美番茄罐頭更簡單低調呢？這兩項義大利最具代表性的產品遂成為黑手黨的最愛。一旦投資成功，農業黑手黨企業順利運作，集團便和「合法」經濟連結──該公司於是變成幾乎正常的企業，就像市場上的其他企業，其商品也都可以使用全球化的管道四通八達。農業黑手黨企業日益茁壯，和其他企業一樣，他們也會投資，有時會併購一些知名品牌。他們會和其他公司結盟，也可以利用一些和他們暗中串通好的產業人士。例如，在顧客眼中再平凡不過的披薩店，實際上可能是某些犯罪組織直接或間接操控的企業。這些企業在黑手黨農業集團中，不須顧慮成

本，一律使用黑手黨農企提供的番茄醬、油品、麵粉或莫札瑞拉乳酪。總之，從披薩店到三明治店、從大型量販店的貨架到非洲市場的攤位，農業黑手黨生產的商品，最終來到全球消費者的餐桌上。根據義大利柯迪荷堤工會的一份報告，義大利有 5000 多家餐廳和黑手黨集團有某種連結關係。

　　長久以來，義大利黑手黨早已不只是從事毒品販賣、敲詐勒索或放高利貸等非法交易。如今義大利的犯罪企業集團掌控了全球農產食品加工業的通路，生產相關商品並供應到全球市場。藉由農產食品加工業進行犯罪的風險，遠比販毒之類的非法交易的風險要來得低。就一個組織犯罪集團來說，在番茄罐頭和橄欖油的標籤上作假，從中獲取的利潤或許和走私古柯鹼獲得的利益不相上下。而且即使落網了，刑罰也相對要輕上許多。

　　果不其然，義大利反黑手黨法官查扣黑道集團名下的不法資產時，有 23% 是農地。根據柯迪荷堤工會的資料，2013 年一共查扣黑手黨名下的 1 萬 2181 萬件不動產，其中有 2919 件是農地。在今天這樣的經濟運作方式下，超市販售的高價食品，並無法讓農民從本身的收成中獲利，中盤商才是最大的獲利者。因此，義大利黑手黨成員只須控制產業鏈關鍵，例如加工和包裝的部分，就能隨著工業生產步調，大肆

進行洗錢活動。

　　大型連鎖量販店要求價格低廉？那有什麼關係？犯罪集團藏匿在完美融入產業鏈中的企業背後，深知產業的運行規則，也可以如法炮製，價格要多低就有多低！對於犯罪組織而言，只需稍微將一個產品的取得成本降低，就能將大量黑錢洗白；為了達到一個理想價格、將大量的商品賣給買家，他們無所不用其極──非法剝削勞工或仿冒商品。這麼一來市場就被他們掠奪，黑手黨企業也可以讓其工廠營運，產生經濟活動。藉著掌控生產過程的關鍵環節，低價販售商品，鑽勞動法規的漏洞，謊報稅金、假造商品或產地標示，黑道集團成功賺進洗白數百萬歐元……而某些連鎖量販店也才能夠提供客戶破天荒的低價。

　　2014 年，義大利財政衛隊（Guardia di Finanza）查扣了 1 萬 4000 公噸屬於商業詐欺性質的食品[*]。隔年，海關警務暨金融警察關閉了上千家隸屬義大利農產食品加工業的法人機構。

　　義大利南部聞名世界的商品是什麼？哪一種商品能夠遍及五大洲，並且在 19 世紀末就已經大量地從義大利轉運到美國？以美、義黑手黨為主題的電影當中，最常見的背景元素又是什麼？

第 6 節

　　答案是番茄罐頭。義大利的加工用番茄產量中，外銷占
60%。內需的部分，2016 年，義大利一共生產 500 多萬公噸
的番茄供給它的番茄工業，其中 44% 被加工成番茄丁，21%
加工為去皮番茄 *，這是義大利南部的特產；只有 10% 的義
大利番茄被加工成番茄糊，主要在義大利北部，這裡也是專
門製造番茄泥和番茄醬的地區。義大利南部的生產活動可分
成：一、進口番茄糊的「再加工」，特別是來自中國的番茄糊；
二、將當地採收的番茄製成罐頭：這便是家喻戶曉的去皮番
茄和番茄丁罐頭。義大利南部發展出雙重產業鏈：整粒去皮
番茄罐頭製作，以及番茄糊的再加工；這樣的產業發展有其
歷史淵源：第一道加工會產生番茄廢料和壞掉的番茄。因此，
以前一些沒有良心的廠商想到把這些原料以及生產過剩的番

＊〈農業黑手黨，一個 600 億歐元的產業〉（Orlando e Martina：accelerare
I due del contro reati nella filiera e caporalato），出自 Il Sole 24 Ore，
2016 年 2 月 17 日。
＊義大利蔬果協會，2016 年統計。

茄，加工成品質低劣的番茄糊[*]。儘管現在照理說已經不再
使用番茄廢料製作番茄糊；然而，以前這些番茄廢料曾被某
些義大利公司製成品質低劣的番茄糊，銷往貧窮國家市場。
如今，那不勒斯的工廠夏天將採收的番茄去皮做成罐頭，其
他季節，其中某些工廠則進行進口番茄糊的加工。就這樣，
這些工廠整個冬天都在外銷小瓶裝的「義大利製」罐頭。坎
帕尼亞就此成了外國番茄糊的再加工產業中心。

第 7 節

　　綽號「番茄大王」的安東尼奧・盧索（Antonio Russo）
於 2014 年逝世，享壽 83 歲。1962 年，他立下王國的第一塊
基石，成立拉戈狄卡公司（La Gotica），專營番茄加工。這
位出身那不勒斯的番茄大王，在反黑手黨國會委員會 1995
年的報告中被點名，職涯留下污點紀錄[*]——他也在 2013 年
因走私冒牌番茄糊，將中國製造的番茄糊偽裝成義大利製造
的而遭判決有罪。安東尼奧・盧索在 1970 年至 1980 年間多
次併購企業，在番茄產業內創立多家新公司，後來也將勢力
範圍擴及蔬果罐頭。2000 年初，他將旗下的公司集結成一個

大型的工業集團：AR 食品工業。根據官方統計，這個番茄巨擘的營業額高達 3 億歐元，掌控了義大利番茄罐頭生產的 20%。

　　福賈（Foggia）位於義大利普利亞，是全球去皮番茄產業的首都。福賈的一位前地方行政首長在反黑手黨國會委員會（Commission parlementaire antimafia）舉辦的聽證會中表示，他在 1993 年 8 月參加過一場會議，與會人員有番茄生產商、貿易通路商，還有安東尼奧·盧索負責代表 40 多家義大利南部的製造商。當時，番茄生產商正遭受反黑手黨國會委員會所稱之「番茄勒索」（racket de la tomate）──就像普利亞許多其他的經濟要角，他們除了必須支付「保護費」，還要經常受到威脅、恫嚇和暴力攻擊。1993 年 8 月的會議中，盧索向生產商提出減輕每輛貨車 20% 番茄重量的要求，從 2 萬 6400 公斤降到 2 萬 2000 公斤，並要求提高標準秤歸零時的重量（把秤重時容器本身的重量高估，從出

＊ 資料來源：2016 年 7 月 25 日訪談貿易商席維斯托·皮耶拉席（Silvestro Pieracci）。
＊〈義大利國會報告：黑手黨及其他組織型犯罪集團〉，1995 年 10 月 17 日。

貨總重中扣除，會讓生產商的番茄出貨量看起來較少）。盧索的提議引發番茄生產商抗議。他們的代表在會議上拒絕接受該提議。隔天，他受到恐嚇威脅，與他同名的堂弟則受傷。對反黑手黨國會委員而言，犯罪組織對番茄生產商進行的勒索，經歷了 1980 年以來一連串長期的暴力攻擊之後，似乎突然消失了，取而代之的是 1994 年以來奇蹟似的「黑手黨的和平時光」（paix mafieuse）……為何安東尼奧・盧索要要求生產商配合作假提高「他的」番茄，也就是他為自己工廠所購買的番茄的運輸成本？番茄大王自有他的道理……。

　　實則，番茄在產地與義大利南部工廠之間的運輸是產業鏈的策略性環節，長久以來也都是由犯罪組織把持的活動領域 *。2016 年 6 月，福賈警方逮捕羅伯托・西內希（Roberto Sinesi）*和同夥的另外五人，罪名是搶盜、勒索和意圖勒索，受害者是負責運送番茄的卡車司機，供應的是歐洲番茄罐頭產業龍頭福賈王子工廠。這間工廠是安東尼奧・盧索所建立，原本屬於 AR 食品工業集團，2012 年轉售給三菱商事（Mitsubishi Corporation）。羅伯托・西內希犯罪集團被懷疑自 1990 年以來就開始犯案 *；2016 年 7 月，也就是遭逮捕後的一個月，這位「老大」因「司法程序瑕疵」獲釋 *。但是在 2016 年 9 月，他被殺手設局暗殺；當時他坐在駕駛座，

車上載著小孩，他身中 20 多槍，其中一顆子彈離心臟幾毫米而已。羅伯托・西內希傷勢嚴重，接受手術後，最後奇蹟般康復，幾天後，他再度被反黑手黨執法單位逮捕，起訴的理由還是一樣：與番茄勒索相關的勒索罪。他的案子至今尚未審判。

第 8 節

安東尼奧・盧索後來退休，將公司 51% 的股份轉讓給三菱商事持有的英國王子食品公司（Princes Group Limited），並將剩餘 49% 的股份交給他的家族後代。在此之前，2013 年

＊ 資料來源：與羅伯托・伊歐維諾（Roberto Iovino）的訪談，他是義大利總工會農產食品加工業勞工協會（FLAI-CGIL）法務部門代表。

＊〈Foggia, pizzo per non danneggiare I camion carichi di promodri: sei arresti〉，出自 La Repubblica 報，2016 年 6 月 17 日。

＊〈Mafia del promodoro, pizzo alla Princes. Decapitato clan Sinesi: manette per "lo zio" Roberto〉，出自 www.immediato.net，2016 年 6 月 17 日。

＊〈Racket del pomodoro : scarcerati tutti gli indagati, anche il boss Sinesi〉，出自 www.ilmattinodifoggia.it，2016 年 7 月 8 日。

盧索因走私偽造義大利番茄糊被判四個月徒刑 *。這位番茄大王的企業，當時供應全歐最大的連鎖量販超市，包括家樂福（Carrefour）和英國最大之一的連鎖超市阿斯達（Asda），後者是沃爾瑪的子公司。檢查官羅伯托‧蘭薩（Roberto Lenza）*的查扣文件上面是這樣寫的：「5 萬 7696 個 200 公克的家樂福自有品牌雙倍濃縮番茄糊罐頭，圖文說明是法語和荷蘭語，上面有白底藍字的家樂福標籤，以及義大利製造 AR SPA 公司等字樣」……這些罐頭裡面裝的都是中國製番茄糊，在歐洲各地販售，而且全部號稱是「義大利製」。

在法院售審時，安東尼奧‧盧索並未否認使用中國製番茄糊來裝填他生產的那些紅色小罐頭。相反地，他聲稱這些做法在歐洲完全合法。「我自己去過中國好幾次，我可以跟你們保證，中國番茄和義大利的番茄一樣好，」他在庭訊時表示。「我們使用中國番茄糊生產的商品 90% 都出口到國外，這些商品不會在義大利境內 *販售，」他在法庭上解釋。訴訟期間，那些向這位那不勒斯番茄大王採購產品的歐洲大型連鎖通路品牌完全沒有受到檢驗。他們撇得一乾二淨，也沒有什麼可以歸咎於他們。對於檢察官羅伯托‧蘭薩而言，「錯就錯在歐洲法規太寬鬆。義大利製的商品在國外大受歡迎。但是若要讓產品標示符合事實，歐洲的商業標示管理法

應該要訂得更加嚴格許多。」

第9節

　　「在義大利裝罐」，這是消費者在朱加羅品牌的罐頭上可以看到的以七種語言標示的訊息。該品牌的工廠位於薩爾諾，距離那不勒斯 40 多公里。朱加羅這家大公司的罐頭產品在大部分的歐洲超市都有販售。從倫敦到馬德里、巴黎到柏林，只需幾十分歐元就可以買到這些小罐頭，包裝上面印著和義大利國旗顏色相同的綠白紅三色，罐頭內容物顯然應該就是義大利製造。安東尼奧‧盧索遭判有罪之後，大型連鎖通路商都轉向朱加羅這隻「美洲豹」[*]，請它製造標籤不

* 〈I pomodori "made in Italy " sono cinesi. Accusato di truffa il produtore italiano〉，出自 La Repubblica 報，2013 年 2 月 28 日

* 《萬惡食品》，瑪拉‧蒙提（Mara Monti）與盧卡‧朋茲（Luca Ponzi）合著，羅馬，Newton Compton 出版社，2013 年。

* 〈茄漿傳奇：阿斯達的「義大利製」番茄泥其實來自中國〉，出自《衛報》（The Guardian），2013 年 2 月 27 日。

* 朱加羅原文是 Giaguaro，即美洲豹（jaguar）之意。

需要顯示番茄來源的番茄糊罐頭。

　　2005 年，義大利財政衛隊，也就是該國的海關與金融警察，曾經在查扣兩輛卡車上可疑的 12 噸三倍濃縮番茄糊時[*]，發現朱加羅公司有一個罐頭倉庫，地點就在蒙塔爾托迪卡斯楚（Montalto di Castro，拉丁姆區）和薩爾諾（坎帕尼亞）之間的一條路上，而薩爾諾正是朱加羅公司合法登記的企業總部所在。警方搜索這個位於蒙塔爾托迪卡斯楚的倉庫時，發現 100 萬個 500 公克重的番茄罐頭：相當於 500 公噸的貨物。這些已經裝滿的罐頭既沒有標籤，也沒有保存期限。倉庫外面也屯放著 1500 個 220 公斤重的桶裝番茄糊，相當於超過 310 公噸的貨物。番茄糊裡面已經長蟲，還有蛆在蠕動。奇維塔韋基亞（Civitavecchia）的檢察官要求執行檢驗的結果證實，這些腐壞的番茄糊完全不堪食用，甚至對人體有害。調查人員說商品產地是中國[*]。朱加羅公司作出回應，表示這些都是要被銷毀的舊庫存[*]。在此事件中，朱加羅後來從義大利法院中全身而退。

　　一個月後，義大利財政衛隊進行第二次查扣，這次是在薩爾諾：2460 桶朱加羅的番茄糊。接著是 2007 年，義大利憲兵在薩萊諾港口查扣兩個可疑的貨櫃，這批貨物的買家是朱加羅公司，來源則是羅馬尼亞，運載的是 45 公噸中國番

茄糊。這些貨櫃之所以會遭義大利憲兵查緝，是因為內含未經申報的「農產食品加工廢棄物」。為何朱加羅公司要運送這些來自中國的番茄糊、途經羅馬尼亞的農產食品加工廢棄物，到它的義大利罐頭工廠？這如今還是個謎。

2008 年，朱加羅的名字又再度出現在司法調查的新聞中。義大利警方當時正針對一家合格認證代理檢驗所 Ecoscreening 進行調查，這家檢驗所位於薩萊諾省境內的聖埃吉迪奧德爾蒙泰亞爾比諾（Sant'Egidio del Monte Albino）。這家「檢驗所」專門作廢棄物的檢驗分析。調查員揭露了這家檢驗所某些違反科學的做法：這家公司曾幫多家企業開立假證明，幫助它們隱匿掩埋有毒工業廢棄物；為此，檢驗分析都是造假的，送檢驗的廢棄物都被漂白成是「堆

* 〈I precedenti〉，出自 La Città di Salerno 報，2005 年 12 月 31 日。
* 〈Pomodoro con insetti e vermi〉，出自 La Città di Salerno 報，2005 年 11 月 18 日。
* 〈義大利番茄醬：一個誘人，甚至人吃人的市場〉，Marc Dana 與 Guillaume Le Goff 之報導。義大利番茄糊在法國非常受消費者歡迎，曾經出現相關違法情事。法國第三電視臺曾經調查這條不完全是「義大利製造」的產業鏈，出自 France 3，2014 年 4 月 14 日，http://www.francetvinfo.fr/economie/commerce/video-le-grand-trafic-de-la-tomate-chinoise-estampillee-made-in-italy-touche-toute-l-europe_577077.html 。

肥」，可以掩埋。不論是廢水處理後產生的有毒泥濘、工業
汙染的廢棄液體、化糞池的內容物……* 薩萊諾這家檢驗所
都可以依顧客要求，開立造假的檢驗報告。調查人員是透過
監聽這家檢驗所，才發現朱加羅公司也是它的顧客之一，而
且同樣用造假的分析數據，驗證中國番茄糊和「義大利製」
的罐頭。監聽紀錄顯示，2007 年 8 月 21 日，12 點 34 分，
當時正是番茄大採收之際，朱加羅公司員工「露易莎」曾打
電話給檢驗所，告知一些必須出現在檢驗報告書上的數據。
第一份檢驗報告書是關於義大利番茄，也就是朱加羅公司做
成罐頭的那一種，露易莎要求檢驗報告必須證明這些罐裝番
茄不含重金屬。第二份檢驗報告書是關於中國製的番茄糊罐
頭*：「你幫我把這些樣本作全面分析，包含農藥檢驗和所
有的參數都要。其中一份必須是真的。」露易莎這麼說。「好
的，好的，沒問題，」對方這麼回應*。

　　產自受汙染農田的義大利番茄、不堪食用的中國番茄：
這家不正當的檢驗所都能幫這些庫存商品開立假證明。朱加
羅表示它在此案件中也未被判決有罪。

　　這些層出不窮的事件並沒有阻止朱加羅企業的成長，
這家企業在 2015 年併購一家拿坡里老字號品牌：維他樂
（Vitale）。如今朱加羅宣稱其商品販售到六十幾個國家，
它也參與全球最大的國際性農產食品加工工業商展，並供應

罐頭給歐洲大型連鎖通路的巨擘。

第 10 節

　　關於番茄產業的司法案件一直層出不窮：2010 年 10 月
29 日，坎帕尼亞薩萊諾港，義大利憲兵進行突擊搜查，攔下
即將運往美國的 18 個貨櫃，裡面裝載 30 萬個包裝貼有聖馬
爾札諾（Saint Marzano）[*]產地認證標章的去皮番茄罐頭假
貨，貼上該標籤的商品就等於合乎歐盟食品「原產地名稱保
護」（AOP）[*]的法規。搜索行動在製造假標籤的工廠裡進

---

* 〈Certificati falsi, ora tremano gli industriali〉，出自 La Città di Salerno 報，2008
  年 7 月 16 日

* 〈Il controllo sui pomodori cinesi？Uno me lo fai vero〉，出自 Il Mattino 報，2008
  年 7 月 15 日

* 〈Le intercettazioni〉，出自 La Città di Salerno 報，2008 年 7 月 16 日；
  〈Intercettazioni：sequestrate laboratorio a S. Egidio〉，出自 NoceraTV.it，
  2008 年 7 月 16 日

* 〈Falsi promodori dop Condannato l'ex ad del pastificio〉，出自 La Città di
  Salerno 報，2012 年 11 月 29 日。

* 即 Appellation d'Origine Protégée，適用於歐盟成員國的農產品（葡萄酒、
  乳製品、蔬果等）產地認證標章。

行——貼著安東尼奧‧阿瑪托（Antonio Amato）品牌的罐頭，裡面裝的卻都是劣質去皮番茄，調查員查獲數千張造假的產品標籤，以及對應 18 個貨櫃內裝貨物的發票，他們立即查扣了這批貨物——這個案件中的詐欺金額高達 40 萬歐元。這次突襲行動導致法院起訴了番茄大王的兒子沃特爾‧盧索（Walter Russo）與安東尼奧‧阿瑪托，也就是同名公司的前任老闆，使他因標籤造假被判處一年四個月有期徒刑。

　　2016 年 2 月，輪到安東尼奧‧盧索的女兒蘿塞拉‧盧索（Rossella Russo）——大家都叫她黛波拉（Deborah），遭判處八個月徒刑，原因是她在擔任聖波莉娜（Sanpaolina）*法定負責人期間，涉及商業造假。這間公司也同樣被控告在罐頭上張貼聖馬爾札諾商標，而裡面的番茄並非來自此地。然而，她的律師出庭為其辯護時說道：「我的顧客一向為捍衛卓越產地而努力。」

　　事到如今，歐洲大型連鎖通路商怎能不知道它們為其販售產品的那些那不勒斯番茄加工廠惡名昭彰？它們的作為早

* 〈Falso San Marzano venduto in USA, condannata imprenditrice di Angri〉，出自 Corriere del Mezzogiorno 報，2016 年 2 月 16 日。

已行之有年，義大利司法檢調單位再清楚不過，也有留下紀錄。好幾個案子都曾經審判過。這些製造商企業可以將非義大利生產的番茄糊注入自家品牌的罐頭，甚至採用象徵義大利的三色旗圖案。在這個產業，進口裝在大型藍色鐵桶、義大利以外地區生產的番茄糊，再送到維蘇威火山腳下稀釋、重新包裝，製成小罐頭的做法，如今再平常不過了。正因為如此，如今歐盟各國幾乎全部的廉價番茄糊都是由那不勒斯的企業供應。這些罐頭或是價格低廉的條狀包裝，通常不標示產地。這與其說是疏忽遺漏，不如說是幾乎認證這項商品是用進口的番茄糊製造的。

　　品質優良的番茄糊是不必對其產地三緘其口的。在全球市場上，番茄糊的品質優劣，對價格的影響甚至可以達到兩倍之多——每公噸從 450 歐元到 900 歐元都有。

「番茄或許是唯一全球化的食物—調味料，

不論在什麼時代，什麼氣候之下，在哪一個國家。」

——罐頭食品法西斯國家聯邦（Fédération nationale fasciste des conserves alimentaires），

義大利番茄衍生產品工業國家會議（Congrès national de l'industrie italienne des dérivés de

tomates），1933 年 5 月 18 日至 19 日於帕爾瑪

罐頭食品工業興起，
為政治服務

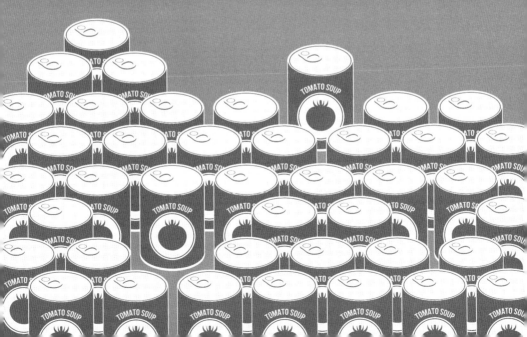

第 1 節

在尼古拉‧阿佩爾（Nicolas Appert）*從 1794 年開始進行相關實驗之後，世界第一座罐頭工廠於 1802 年在法國馬西（Massy）創立。四年後，這個發明罐頭的人*已經將產品銷售到巴伐利亞和俄羅斯，販售對象都是一些有錢的消費者，滿足他們想在冬天品嚐春夏季食物的口腹之慾。值此之際，阿佩爾亦在第四屆法國工業產品博覽會展示他的玻璃罐頭*。幾年之後，英國人彼得‧杜蘭（Peter Durand）把該項發明改良，換成用白鐵，一種鍍上錫的鋼鐵，替代原本的玻璃器皿，避免了玻璃的主要缺點，也就是運輸途中容易碎裂。1819 年，北美第一家罐頭工廠在紐約設立。隔年，法國與英國皆認可罐頭為商業產品，美國也在 1822 年跟進。接著，有人在布列塔尼地區將金屬罐頭引進到油漬沙丁魚工廠*，當

　　時正是沙丁魚工廠如雨後春筍般冒出的年代。工廠聘僱了漁民的妻小來當員工，但是工資微薄；工作條件低劣後來也引發不少次的罷工。

　　罐頭食品最初是設計給船員用的，但這項新產品很快地外銷至世界各地。1860 年初，法國是全球最大沙丁魚罐頭外銷國。此外，英法自由貿易協定打開了兩國各自殖民帝國的罐頭市場。同一時期，1856 年，當時年僅 20 歲的法蘭西斯科·席里歐（Francesco Cirio）在杜林（Turin）成立義大利第一家工業化罐頭工廠。1867 年的巴黎萬國博覽會，席里歐備受矚目，當時他已成功地把番茄罐頭外銷到世界各地，從利物浦到雪梨都有其產品。1871 年 7 月 2 日，維托里奧·埃馬努埃萊二世（Victor-Emmanuel II）主政羅馬，此時義大利

＊尼古拉·阿佩爾是法國人，他發明「氣密式食物保存法」。

＊尼古拉·阿佩爾，《家事整理法大全，或動植物原料長年保存法》（Le livre de tous les ménages, ou L'art de conserver pendant plusieurs années toutes les substances animales et végétales），Paris, Charles-FrobertPatris, 1831 年 [1810 年初版]。

＊尚－保羅·巴比耶（Jean-Paul Barbier），《尼古拉·阿佩爾，發明家與人道主義者》（Nicolas Appert, inventeur et humaniste），Paris, éditions Royer, 1994 年。

＊葛薩維耶·杜伯（Xavier Dubois）《沙丁魚革命：19 世紀布列塔尼的漁民與食品保存者》（La Révolutionsardinière. Pêcheurs et conservateurs en Bretagne au XIXe siècle），雷恩大學出版社，2001 年。

幾乎統一了。席里歐在義大利南部設立多家罐頭工廠，一手打造並組織了廣闊田野的農業。也正是透過席里歐的罐頭工廠，義大利南部緩慢的工業化逐步成形。去皮番茄罐頭是席里歐品牌主打的產品之一，如今也成為義大利的其中一個商業象徵。

　　在此之前，美國內戰（1861 年至 1865 年）加速了歐洲罐頭往北美的外銷。雖然當時罐頭是奢侈品，起初只有軍官能夠享用，但是罐頭的消費量卻頗大：南北兩方指揮部周邊的地上，很快就充斥大量吃完的白鐵罐頭垃圾。在用於後勤的食品罐頭中，為數最多的就是布列塔尼的拉丁魚罐頭以及有番茄成分的蔬菜濃湯罐頭。南北戰爭有時被視為史上第一次現代化戰爭，這場戰爭也普及了罐頭的使用。金屬罐頭加速了北美食品工業的發展，也刺激了歐洲工業的生產。

　　美國工業在 1859 年至 1899 年間成長了六倍，他們嶄新的食品工業則於同時間成長了 15 倍。20 世紀以來的軍事衝突最終都助長了罐頭的崛起。罐頭方便攜帶、不受產季限制，又可抵抗極端環境，可隨著部隊移動，有助於後勤補給的組織，亦可讓戰事更持久。從整個 20 世紀來看，如果說武裝配備不斷改良，致使戰爭型態轉變，以罐頭為主的補給方式卻從沒變過。軍隊不能沒有罐頭補給，對這些在戰場上殺戮、

長期作戰的官兵來說，罐頭是不可或缺的。隨著戰火不斷，罐頭遂成為供給軍隊與百姓食物非常實用的一種方式。

　　1900 年，紐約大約有 22 萬義大利裔移民；十年後變成 54 萬 5000 人。到了 1930 年，這些移民占該市總人口的 17%。1938 年，超過 1 萬名義大利人在美國經營食品雜貨店，這些雜貨店可說是「番茄大使館」，因為所有這些商店都販售番茄罐頭，特別是從義大利進口的[*]。番茄罐頭在這些義大利裔移民的生活中隨處可見，以至於 1930 年代，有些罐頭還成為法西斯主義對美國義大利裔移民的宣傳武器[*]。「Progresso」（「進步」之意）這個標籤上面便顯示著一位羅馬士兵，背景充斥著法西斯的象徵圖騰，暗示著加速發展的義大利工業：理性主義建築[*]、飛機、船艦、從隧道駛出的火車……。

---

　　* John F. Mariani，《義大利食品如何征服全球》（*How Italian Food Conquered the World*），New York, Palgrave Macmillan, 2011 年。

　　* 大衛・根堤爾祕雷（David Gentilcore），《義大利番茄史》（*Pomodoro! A History of the Tomato in Italy*），紐約，哥倫比亞大學出版社，2010 年。

　　* 約莫在 20 年代至 30 年代發展的一種建築潮流。

第 **2** 節

艾米利亞－羅馬涅，帕爾瑪加工用番茄博物館

　　Panineri 這種最初由鄉下婦女手工製作的麵包，可說是番茄糊的始祖；這種又大又黑的麵包是由風乾的番茄裹入麵粉製成，它們出奇的硬：是六倍濃縮的番茄糊，起源於西西里島。義大利幾乎不再有這樣六倍濃縮番茄糊的製造商。最後的製造商之一在帕爾瑪。

　　這種黑麵包 1840 年在艾米利亞－羅馬涅生產。25 年後，也就是 1865 年，一位義大利化學家暨農業工程師卡羅・羅諾尼（Carlo Rognoni）——稱他為番茄工業之父毫不為過[*]，他嘗試把番茄工業合理化，並將其文化現代化。他是有熱情的科學推廣者，管理一群實驗農場，成功說服帕爾瑪當地許多農民專門種植加工用的番茄。這位農業專家讓番茄種植的農業技術有所突破，使農田的產量增加，也促使許多人組成農業合作社。19 世紀末開始，義大利成為番茄罐頭的出口國；20 世紀初，它更成為世界最大的番茄罐頭出口國。1897 年，義大利外銷 2000 公噸的番茄罐頭；到了 1906 年，外銷數量激增到 1 萬 4355 公噸，1906 年外銷量是 4 萬 9100 公噸，1912 年生產量更高達 63 萬公噸，這個數字高居全球之冠。[*]新進義大利

移民最多的國家也成為了番茄罐頭最大的進口國。光是美國在 1913 年間就進口了將近 2 萬 1000 公噸的罐頭，相當於義大利出口量的將近一半。同年，阿根廷進口大約 6000 公噸的罐頭[*]。席里歐公司當時已經是個出口產品至各大洲的罐頭工廠。1920 年起，靠著在許多國家的廣告宣傳立功，席里歐已經雄霸一方。

　　如今，帕爾瑪的加工用番茄博物館收藏了一臺銅製的番茄加工機，有個法文名字叫做「圓球」（boule），這臺機器簡直像是出自朱爾‧凡爾納（Jules Verne）[*] 寫的小說。一個世紀之前，義大利人把這種原本是啤酒釀製廠在用的機器改裝使用在番茄上。這些「圓球」是義大利番茄糊工業最早使用的機器。19 世紀以來，這種機器在技術上幾乎沒有什麼演變：它們始終是番茄工業不可或缺的工具，因為它們是番茄

* 帕爾瑪的加工用番茄博物館。

* Dr. Carlo Boverat, « L'industria italiana delle conserve di pomodoro e la sua posizione sul mercato », 1958. 作者藏書。

* Attilio Todeschini, Il pomodoro in Emilia, Istituti Nzionale di Economia Agraria, 1938. 作者藏書。

* 凡爾納是法國小說家，公認為現代科幻小說開創者之一，其知名著作包括《環遊世界 80 天》（Le tour du monde en quatre-vingts jours）、《地心歷險記》（Voyage au centre de la Terre）、《海底二萬里》（Vingt mille lieues sous les mers）等。

糊在加工過程中的容器。博物館內，一輛 1950 年代紅白色的飛雅特（Fiat）廣告車的車頂上方，放置了一個巨大的條裝番茄糊：這是義大利戰後的一項發明，目的是讓那些較窮困沒有冰箱的家庭，能夠在產品開封之後，仍舊可以完好地保存番茄糊。

最後，走到展覽室的盡頭，展示櫥窗內放置了 100 多個紅色、金色的罐頭，有一些罐頭已經超過一個世紀了。因為 1888 年，就是在帕爾瑪當地成立了義大利第一家番茄衍生產品的罐頭工廠。這間工廠不久後便帶動全新產業快如閃電般的發展，眼前林林總總的罐頭便是這一段榮景的見證。每個罐頭上面都有品牌的名稱，不過大部分品牌都已經從市面上消失。每個罐頭上面也都有不同的插圖，讓它們彼此區分。所有罐頭構成了一面由千奇百怪符號組成的牆。這裡一隻天鵝，那邊一隻老鷹，有的是公雞、獅子、小雞、老虎或是鬥牛；遠處有月光閃爍，太陽或一顆星星。有的上面畫著一朵玫瑰，另一邊是一朵紫羅蘭。一位騎士似乎正向天使挑戰，一艘越洋油輪與之擦身而過，接著是另一艘蓋倫帆船。旁邊有一艘飛船。一架雙翼機展翅飛起。罐頭牆的下一排則是神話圖像，有太陽神之子法厄同（Phaéton）、英雄海克力士（Hercule），以及人頭馬（Centaure）。就連但丁（Dante Alighieri）的肖

像也可以找得到。「沒錯，」博物館導覽員解釋，「這是因為以前的人大多不識字，這些圖案就是要讓他們能夠向店員指出他們要買的番茄罐頭。他們並不清楚有什麼牌子，但他們可以直接說要買的是『老虎』牌的，還是『老鷹』牌的。每家企業都有它的圖騰，才能與其他競爭對手有所區隔。即便罐頭內的東西都是大同小異，番茄糊的品質也沒有太大的差別。」

導覽員可能沒有意識到，但他正道出一個在今天依然犀利的事實……在非洲，時至今日，還是有許多番茄製造商繼續使用圖像作為廣告宣傳的利器。

第 3 節

隨著「進軍羅馬」〔1922 年 10 月 28 日，墨索里尼號召法西斯支持者（俗稱黑衫軍）進入羅馬示威，此事件使墨索里尼成為首相，是國家法西斯黨奪取義大利政權的標誌〕，以及 1922 年法西斯主義崛起，義大利採取了新的農業政策。法西斯主義主導之下，「自給自足」成為通關密語，巨大的字母標示在所有公共建築上。這個有強烈意識形態的經濟政

策對義大利的農業帶來許多影響。在法西斯政權操控下，加工用番茄產業重新組織、發展，也經歷了史無前例的規劃經濟制。當政治宣傳品上呈現了莫索里尼（Mussolini）打赤膊，置身一群義大利農民之間，手裡拿著鐮刀割稻穗的形象，法西斯分子於 1925 年啟動「麥子戰爭」，這個政策使穀物的自給自足成為國家首要之務。八年間，小麥的產量從 5000 萬擔增加為 8000 萬擔。新的農業模式主導了國家重大策略方向，也決定了農作物的生產配額多寡。在番茄工業中，法西斯政策帶來的後果，就是更加強調科技與農學在全國農業生產中所扮演的角色，特別是強化帕爾瑪地區的核心角色。義大利南部與北部的分裂也從而變得更大：北部主要生產番茄的衍生產品，例如番茄糊，而南部則是生產去皮番茄這一類的罐頭。這樣的工業劃分到現在依然如此，不曾消失。義大利番茄產業經此重整，不僅成功地達到自給自足的目標，也增加了罐頭的出口，然而，這倒不是法西斯政權本來的目標之一。

　　1930 年地緣政治上的動盪，也造成海關關稅的頻繁波動，其後果便是出口的速度變得相當不規律。這樣的不穩定，適逢當時義大利許多銀行大舉投資農工業卻紛紛破產，導致出口更不穩定。1929 年出口量打破先前紀錄，當時義大利

輸往國際 13 萬 7610 公噸的番茄罐頭，主要歸功於番茄糊外銷合作公司（Società cooperative per l'esportazione del doppio concentrato di pomodoro）的運作。但是接下來的幾年內，義大利的番茄工業面臨關稅上的層層限制，其中最著名的例子就是《斯姆特－霍利關稅法案》（Smoot Hawley Tariff Act）——這個 1930 年 6 月 17 日美國頒定的保護關稅法導致外銷至美國的番茄罐頭量大減，出口驟然踩剎車。當時，一些義裔美國人士決定在美國設立番茄罐頭工廠，以滿足義裔美國人自己的需求。除此之外，雪上加霜的還有 1936 年國際聯盟因為義大利入侵衣索比亞而對義大利展開經濟制裁的決定，也使得紅色工業更加地脆弱。鑒此，可以說法西斯的政治環境的確促成了產量的增加與生產的合理化，外銷也先是增加，但後來趨於不穩定。而後，外銷隨著第二次世界大戰開打而中斷。然而，雖然出口量盪到谷底，義大利軍隊對罐頭的需求卻適時遞補增加。2015 年，兩名奧地利考古學家在埃及考古時發現了兩個席里歐罐頭，其中一個是番茄罐頭，製造日期是 1923 年。這是當時義大利士兵往南方移動，前往義大利殖民地的蹤跡，同時也證明席里歐在義大利罐頭工業中扮演的重要角色。二戰期間，席里歐成為義大利軍隊的供應商——蘇德戰線的軸心國士兵都是食用它的罐頭，而

康寶濃湯和亨氏公司則是大量生產盟軍的補給品。

　　1938 年，法西斯分子頒訂一道規劃生產加工用番茄的法令。這條法令對某些小型罐頭廠不利，卻鞏固了帕爾瑪在番茄糊製造工業的地位。番茄工業至此完全落入執政當局庇蔭之下，從此不必擔憂金融銀行體系不穩定的問題；因為受到多重保護，不論是原料的製造、工業加工或是研發都一律保障。法西斯執政時期，尤其後來接近二戰爆發的時候，義大利北部整個成為農產食品加工產業重大創新研發區域。在法西斯政權 20 年間，加工用番茄耕種的面積不斷擴增，從1920 年至 1922 年間總共 3 萬 3000 公頃，到 1923 年至 1925年間變成 4 萬 1000 公頃。1929 年至 1931 年間是 5 萬 2000公頃，1938 年至 1940 年則增加到 5 萬 9000 公頃。

　　1940 年，戰事正如火如荼進行中，帕爾瑪舉辦了第一次罐頭包裝自給自足博覽會，這是法西斯政體相當引以為傲的活動。目錄的封面上呈現一個標有大寫 AUTARCHIA 字母（自給自足）[*] 的罐頭。法西斯執政期間，罐頭是相當重要的象徵，意識形態上來說，它既與執政當局自給自足的政策方向符合，也和該政權啟迪於未來主義發起的「文化革命」相融；未來主義特別頌揚都市文明、機器與戰爭。罐頭裡面裝的是「新人類」的食物，而罐頭既是以科學方法並運用現代工業

生產的產品，也可以保存祖國國土上耕種或豢養的物產。法西斯分子甚至重寫了罐頭歷史*，宣稱法國人尼古拉‧阿佩爾並非第一位發明罐頭的人——罐頭理所當然是義大利發明的，應歸功於義大利生物學家拉薩羅‧史巴朗札尼（Lazzaro Spallanzani；1729 年至 1799 年）。

　　「法西斯主義下的自給自足時期中，番茄罐頭的角色是政治性的，」美食歷史學家阿貝多‧卡帕堤（Alberto Capatti）強調。「番茄及其罐頭與麵粉不同，因為麵粉在義大利的發展比較曲折；它們也不同於馬鈴薯，因為馬鈴薯並非義大利特產，然而，番茄及其罐頭都是完全在義大利製造的。也因為它們被視為是典型的義大利產品，在食品上象徵著自給自足。時至今日，義大利的兩種全球化速食食品——義大利麵和披薩，裡面都有番茄。這有一部分是法西斯政權發展、組織、強化與資助番茄工業所遺留下來的結果。與罐頭相關的展覽並非頌揚法西斯主義，而是要強調義大利的生產能力，作為法西斯分子能充分運用的一項能力。就是從這

＊ 出處：Pianeta Italia, Arte e Industria, Giovanni PacificoEditore.

＊ Attilio Todeschini, Il pomodoro in Emilia, Istituti Nzionale di Economia Agraria, 1938. 作者藏書。

個時期開始，義大利成為食品生產設備製造方面的先驅。也是在這個時期，機器變成整個食品生產體系的核心，到今日仍是如此。」[*]

戰後，罐頭博覽會成為農產食品加工業企業不可缺席的盛事。1985 年，博覽會改名為 Cibus Tec，源自拉丁文 Cibus，義大利文的「食物」（cibo）就是來自這個字。直至今日，這個農產食品加工業的科技博覽會始終在帕爾瑪舉辦。全球加工用番茄產業都會出席這個盛會。

歷史有時會出現一些弔詭之處：是莫索里尼的自給自足政策，鼓吹義大利農產食品產業走向工業化與合理化，這個政策卻反而成為義大利在戰後奪下決定性市場占有率的利器，也確保義大利得以藉由外銷其罐頭，鞏固它在加工用番茄上的主導地位，同時在工具機生產領域繼續領先群雄……。義大利是經過精心組織，才一手主導了番茄這個產業的全球化。

* 2016 年 8 月 24 日採訪阿貝多‧卡帕堤。

　　1944 年，艾米利亞－羅馬涅的許多工廠遭到轟炸，生產工具機的工廠也未能倖免於難。1945 年，卡密洛‧卡特里（Camillo Catelli，1919-2012）與安傑羅‧羅西（Angello Rossi）聯手創立的機械工業工廠「羅西＆卡特里」（Rossi & Catelli），後來成為一站式番茄加工廠販售的全球先驅，該公司 2006 年因為併購變成 CFT 公司。

　　卡密洛‧卡特里原本只是單純的工人，戰前在盧西亞尼（Luciani）工廠當學徒。1950 年代，他搖身一變成為不可一世的工業領袖，能夠把他生產的機器外銷到全球各地。雖然他和夥伴後來就分道揚鑣——安傑羅‧羅西在 1951 年成立他自己的公司 Ing. A. Rossi，成為該產業的另一個領導企業，然而兩人合作創立的羅西＆卡特里公司，卻在 20 世紀後半，不斷累積許多專利與合約。羅西＆卡特里在 1957 年真正開啟國際事業，靠的是他們發明的第一款現代乾燥機。這個發明可說是一場革命，因為羅西＆卡特里的這款乾燥機大大增加了生產量。該公司也成功地維持相關科技領先長達數十年之久，甚至延續至今。1960 年代起，該公司將機器外銷至蘇聯和美國，也是在同一時期，羅西＆卡特里與亨式締結真正策略性的合作關係。

　　一直到 1990 年代初期，屬於中國的時代來臨。

8

Chapitre

番茄加工業之怪現狀

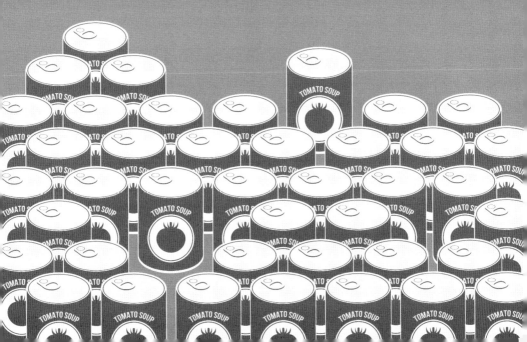

第 1 節

中國新疆，烏魯木齊近郊，
112 號公路

　　一座有著紅色屋頂的巨型玻璃建築，正面掛著一幅招牌：中基實業。這裡並非中基實業位於烏魯木齊市中心的的企業總部，而是一間「檢驗所」，它是一座新式建築，公司的網站上可以找到這棟建築物的照片。從 112 號公路，剛離開城市的路段這邊望過去，我發現這棟相當顯眼的建築隔壁就是一座番茄加工廠。我注意到令人驚訝的一件事：現在是採收季節，可是工廠煙囪卻沒有冒煙。空氣中聞不到任何烹煮番茄的氣味。整座廠房異常地平靜。一條柏油碎裂的小徑通往工廠路口。載番茄的卡車要從哪裡卸貨呢？小徑上冷冷清清的。入口處杳無人跡──只有大門、警衛室、埋在柏

油路上的地磅。仔細看，這裡只有殘留的東西，警衛室的玻璃窗已經被打破。柵門上的油漆都已剝落。地磅也生鏽腐蝕。雜草從柏油路的裂縫中竄出。從入口望去，整座番茄加工廠房似乎已經廢棄不用。或許稍遠處還有另一間警衛室和另一個地磅？

大門開著。車子緩緩駛過地磅，發出巨大的金屬聲響。走了 100 多公尺之後，我看到以前的番茄卸貨站。這下，我可以很肯定的說：工廠真的荒廢了。清洗場的平臺，許多水管輸送道上面都已腐蝕。一臺乾燥機仍矗立在這個不毛之地。這裡真的已經人去樓空了。

車門應聲關上。萬籟無聲。我走了幾步，走向外面的電動鐵櫃。它們全被撬開了。一條番茄輸送帶已經有破洞。這裡究竟發生了什麼事？四處只見同樣破了的窗戶。壁爐、巨型工業槽依然留在原地。這裡的確是一間義大利販售的一站式番茄加工廠的遺址，當初的採購與安裝費應該斥資數百萬歐元。現場停放著上百輛工地用的車子，其中有不少挖掘裝載機（tractopelle），多半是新疆生產建設兵團的車輛，畢竟他們本來的專長是土木工程。

廠棚裡存放許多已經過期的桶裝番茄糊，還有一些吉諾牌番茄糊罐頭的庫存。這些罐頭上都採用義大利三色國旗的

顏色裝飾，上面圖案是一顆小小的番茄，擠出大大的笑容。
吉諾，這可是非洲第一品牌……我繼續在廢墟調查，發現了
一座階梯，通往一扇門。走上階梯，往裡面探勘？好的，沒
有問題，但一下就好，而且要看門有沒有上鎖。運氣不錯，
門鎖已經被之前的人撬開了。我走了進去，發現一道走廊，
其中一面牆是玻璃做的。這是一座俯瞰廢棄工廠的天橋。從
天橋往下看一覽無遺，可以看到整座廠房全部停止運轉的機
器。所有生產線都還在，覆蓋著灰塵。這景象真是奇特詭異。

　　走到天橋盡頭，有另外一道門。門同樣通向一座玻璃走
廊天橋，只不過這裡俯瞰的是層疊囤放的許多貨物，而這些
東西和番茄加工的業務顯然並不相關。感覺工廠的空地已經
都被拿來屯放材料和工地的用具。充當走廊地板的金屬板發
出吵雜聲。一路上，我一邊走一邊咒罵這些金屬板，老是嘎
吱嘎吱作響。我又發現了幾道關上的門，因為只是上了門栓，
只要打開就可以通過。廠房裡的辦公室已經被撬開，現場被
人翻箱倒櫃，破壞蹂躪，一片狼藉。就像沉船上沉澱的淤泥，
這裡的地上散落許多的文件──都是一些中文報表，溼氣和
灰塵讓這些紙張顯得髒兮兮的。這些文件應該都是從鐵櫃裡
翻出來的。地上還有幾張工廠的照片。

　　隔壁房間也同樣被搜過，裡面有較多的見證工廠過去生

活的物證。例如有些昔日員工的識別證在這兒。有個牛皮紙袋裡裝著好幾百張大頭照，卻看不到一張維吾爾族的臉孔，他們全是漢族，是兵團的勞工。

　　置物架上留有一頂軍帽，的確，中基實業公司的軍人員工上班時必須穿軍服。另外一個置物架上放著宣傳用的小紅旗，還有許多大型布條。在別處的一座壁櫥裡還找到許多工廠的平面圖，上面標示著所有在帕爾瑪建造的機器。還有好幾十箱的檔案文件、一些老舊過時的電話和電腦器材、幾本看起來像空白護照的紅色小冊子、頒給績優員工的證書、一些印有標語的貼紙，以及一些廢棄物。

　　突然，在這堆東西裡，我發現了一疊書冊──那是給新員工的中文工廠導覽，一些簡章介紹了 14 間中基的工廠。另外還有一本精美印刷的中英雙語刊物，是 2004 年出版的專刊，「慶祝新疆中基實業股份有限公司成立十周年」*，封面印有中基實業的商標。書一翻開就是創辦人劉將軍的大頭照，翻到下一頁還有其他照片，是劉將軍和中國高官的合影，這群官員都戴著金正日風格的那種大墨鏡。該書大肆

* 中基實業，《慶祝新疆中基實業股份有限公司成立十周年》，2004 年。

讚頌兵團在番茄工業的豐功偉業。有好幾頁講的是併購法國小木屋的事，在這幾頁裡面，我看到喬埃爾‧貝納（Joël Bernard），他是昔日小木屋合作社的總經理，就站在一面紅色五星旗與劉將軍的中間。另外一張照片中，可以看到劉一和沃克呂茲前任議員蒂埃里‧馬里亞尼（Thierry Mariani）合照，兩人握手微笑，背景是 2004 年 4 月 9 日巴黎皇家蒙梭酒店（Le Royal Monceau）的宴會廳。雙方會議的主題是什麼？慶祝中國第一次投資法國農業公司……。

專刊裡放了十多張照片，大肆宣傳集團的業務活動。載滿番茄的卡車、裝滿產品的貨櫃、一間間工廠……當然少不了劉將軍在各種隆重場合的照片，像這張劉將軍若有所思看著地圖，並用手指著地圖上一點的照片；或是手裡拿著一支筆，對著文件沉思；還有正在發號施令，準備下一場策略性的商業攻勢等。再往下翻頁，還可以看見劉先生站在亨氏企業一座工廠前方，身旁站著一位亨氏跨國企業的採購人員。另外一張照片上可以看見劉先生出現在普羅旺斯的小木屋工廠，身旁站著一名中國官員。

接下來的幾頁可以看見幾位男士在餐會上舉杯，桌上插滿義大利與中國的小旗子。在劉一將軍身旁，我認出「番茄大王」，出身那不勒斯的安東尼奧‧盧索。再往下翻，可以

看到他正簽署文件的畫面，下方的圖說寫道「與盧索企業簽署番茄醬外銷的合約」。第三張照片是盧索公司正在歡慶的照片，「在中國簽署合資建造番茄加工生產線的合約」。第四張照片是劉將軍造訪義大利，隨行人員是新疆的官員，他們出現在盧索位於那不勒斯附近的一座廠房。此外，在另一張照片上，我認出了安東尼奧‧柏迪，他是盧索的競爭對手。

　　我抬起頭來，朝那一堆上面有員工大頭照的識別證望了最後一眼。該看的都看了，是時候離開了。

第 2 節
中國北京

　　「我手邊有一本 2004 年中基公司十周年的慶祝刊物。可否請你幫忙講解一下裡面的照片？」*

　　「當然沒問題，」劉將軍笑著回答我，「這一張是在英國，1996 年的時候與亨氏企業簽訂外銷合約。這位是前中國

* 2016 年 8 月 21 日採訪劉將軍。

對外貿易經濟合作部部長，當時來視查中基公司的工廠。這一位是吳邦國，他當時是全國人民代表大會常委會委員長，現在是中國共產黨中央政治局常委的二號人物。這一張是2001年在義大利和盧索第一次簽署策略性合作協議。」

「你經常去義大利？」

「的確，我常去，幾乎可以說那不勒斯是我第二個家。義大利在中基實業的崛起與發展中扮演重要的角色。我經常去那不勒斯，也去帕爾瑪，」劉將軍回憶道，「我和安東尼奧‧柏迪很熟，和盧索也非常要好。」

「盧索也是你們的客戶嗎？」

「不只是客戶，盧索可說是我第一個合作搭檔，是我最重要的客戶和合作對象。盧索在番茄產業對我幫助很大。他真的是一個好人。你問我盧索向中基公司購買了多少番茄糊？可多了！他是我最大的客戶。2001年到2006年間，盧索買了中基企業35%到40%左右的產品；我帶領中基期間，我們外銷了許多番茄糊到他位於那不勒斯的工廠。我跟他私交甚篤。2001年，盧索甚至還送了我一座工廠。」

「送一座工廠？為什麼他要送你一座工廠？」

「我們是朋友嘛。他免費送給我，純粹是基於私人情誼……」。

義大利是番茄產業的
馬可‧波羅

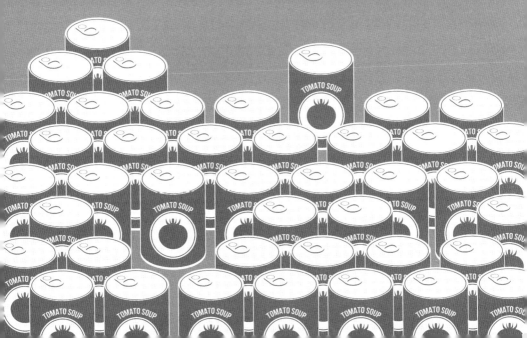

第 1 節

1990 年代初開始，中國大量設置義大利製一站式番茄加工廠。2000 年代，中國成為全球最大的番茄糊生產國。2004 年，中基實業買下法國小木屋，作為其番茄糊進軍歐洲市場的墊腳石。「天朝」轉瞬間成為加工用番茄的強國之一。中國在這個原本一無所知的工業領域，能夠異軍突起，著實令人驚訝。但還有更驚人的：中國在整個 2000 年代購建了過多的義大利製一站式番茄加工廠，時至今日有些工廠早已棄置不用，不是已經被推土機輾平，就是晾在新疆的某條路旁兀自生鏽。戴維德·吉洛蒂（Davide Ghilotti）曾任《食品新聞》（Food News）記者，也是番茄產業的專家，他說：「這的確很難想像，不過當中國發現蓋了太多工廠時，就開始拆除這些廠房，有些工廠甚至價值上千萬歐元。」

　　為了瞭解中國的番茄產業鏈何以能在短時間裡急遽成長，必須先知道中國異軍突起前的全球番茄產業結構，以及是哪些人在產業中握有實權。事實上，當時的全球番茄產業，從帕爾瑪到那不勒斯，都是義大利人在操控著所有重大區塊。從去皮番茄罐頭到小罐裝番茄糊，整個市場呈現寡頭壟斷的形式。而義大利番茄工業的權力掌握在三種類型的人口手中：在帕爾瑪，有全球最重要的番茄糊貿易商，以及科技頂尖的加工工廠建造商；在那不勒斯，有帕爾瑪貿易商最重要的顧客——包括盧索和柏迪這兩大巨頭。鐵三角的三邊分別是大宗批發交易、機械工業和罐頭工廠，形成強大的利益團體，彼此連結，且在 20 世紀後半不斷鞏固自身。這三端的要角都是產業界的強人，人數稀少、屈指可數。整個義大利番茄產業彷彿是一個番茄壟斷聯盟。

第 2 節
艾米利亞－羅馬涅，帕爾瑪

　　1930 年，阿曼多・岡多爾菲（Armando Gandolfi）與雨果・岡多爾菲（Ugo Gondolfi）兄弟在帕爾瑪成立一家食品

貿易公司。雨果負責的是乳酪和火腿，阿曼多直到 1969 年
過世前都是負責罐頭。他兒子羅蘭多‧岡多爾菲（Rolando
Gondolfi）接手後，公司拓展國際市場，買賣數量驚人的番
茄糊，也贏得眾多客戶，其中包括亨氏。20 世紀後半期，岡
多爾菲公司成為全球最有影響力的加工用番茄大宗批發商，
迄今依然屹立不搖。

　　2002 年，羅蘭多‧岡多爾菲過世。他很早就找到可靠的
左右手，一直充當老闆的替身到世界各地出差，建立許多供
應鏈並開拓銷售市場——這個人就是西爾維斯特‧皮耶拉奇
（Silvestro Pieracci）。

　　「我念的是化學。1964 年某一天，帕爾瑪的罐頭食品工
業實驗室（SSICA）[*] 有人打電話給我，說有家工廠需要我
去做分析。我就這樣進入了番茄這一行，」他說[*]。「1969 年，
我開始為羅蘭多工作。很快地，我們開始一起到國外出差，
當時這樣的做法並不常見。首先是到希臘和土耳其，接著是
葡萄牙。希臘的供應鏈就是在我去當地出差後的 1970 年代

＊ Stazione Sperimentale Industria Conserve Alimentari.
＊ 2016 年 7 月 25 日訪談西爾維斯特‧皮耶拉奇。

初期建立的，多虧了一位與我私交甚篤的顧客，帕斯夸烈·柏迪（Pasquale Petti）。他是安東尼奧的父親，今天的柏迪公司是他在經營。帕斯夸烈·柏迪有能力採買大量罐頭。而我們岡多爾菲公司可以滿足他的大量需求。所有必要的機械工業帕爾瑪這裡都有；所有相關尖端科技的機器產地就在離我們辦公室不遠處。我們有這方面的技術。於是，我們先到一個國家勘查，然後開始進行技術轉移，接著購買在當地生產的番茄糊。我們的國際業務就是從希臘開始發展的。當時我們不是唯一的公司，整個產業中還有許多大宗批發商。但是靠著我們的知識、能力和人脈，岡多爾菲公司從 1970 年代晚期就成為該領域世界領先的公司。我們和許多知名企業關係匪淺，例如亨氏、雀巢、卡夫、潘扎尼（Panzani）以及其他許多公司。這個產業裡的所有大型公司都曾經與我們聯繫，我們也和他們密切合作。」

在西爾維斯特·皮耶拉奇的職業生涯中，只要有番茄加工廠的國家，他都一一拜訪過了。當時他經手的番茄糊數量無人能及。「有時一紙合約、一通電話，我就能賣出 3 萬公噸的番茄糊。相當於好幾艘滿載的貨櫃船。」

1980 年代，岡多爾菲番茄糊最大的買主來自那不勒斯：阿格羅諾切里諾－沙諾盆地（Agro nocerino-sarnese）的廠商，

那兒是義大利南部罐頭工業的核心。

「那不勒斯人是我們最大的買主，這點無庸置疑，」他繼續說，「1979 年，我認識了安東尼奧·盧索，那個時候他有時還會在工廠的倉庫接見客人；倉庫裡有木箱，我們就坐在木箱上聊好幾個小時。在義大利南部做生意，不是誰都可以勝任的……那不勒斯購買的番茄糊數量驚人，難以想像。當時，最大買主是安東尼奧·盧索和柏迪家族，朱加羅公司還比較小。一開始，他們在南部使用去皮番茄的殘渣皮屑做成番茄醬，廉價賣到非洲市場。他們的生意就是這樣開始的。但他們不只是賣番茄罐頭，還有桃子、櫻桃、四季豆……以往在阿格羅諾切里諾－沙諾盆地，水果和蔬菜市場全都是由卡莫拉 *一手掌控。」

當有兩個大家族要瓜分一個龐大市場，競爭有時會變得激烈，其中一方會試圖蠶食另一方的地盤。其中一些事件格外把盧索與柏迪家族間的敵對關係給具體顯現出來：例如供應阿拉伯國家如阿爾及利亞、利比亞等的標案。

* 卡莫拉是義大利最古老的組織犯罪集團之一，主要透過毒品交易、賭博、敲詐勒索等手段籌措經費。

　　「競標期間，」皮耶拉奇回憶道，「那可不是幾個貨櫃就可以解決的生意，而是以幾萬噸幾萬噸為單位計算的貨品才行。盧索和柏迪兩家都想賣產品到非洲，盧索於是開始傾銷一些商品，以便和柏迪競爭。每年到了阿爾及利亞與利比亞的大宗商品供應案要做出決定時，那真的是一場戰爭。坦白說，談判的時候，桌底下的不正當交易才是具有決定性的因素。就這方面而言，我想利比亞最糟——他們簡直貪得無饜。阿爾及利亞人還算馬馬虎虎，可是利比亞人就真的很可怕。今天情勢不同了，阿爾及利亞人已經學會開始向中國進貨，並將進口的貨物重新裝箱。」

　　盧索和柏迪的價格戰，使他們的供應商岡多爾菲飽受池魚之殃。於是岡多爾菲公司透過一些場合，當起兩家的和事佬。羅蘭多‧岡多爾菲委託他的親信皮耶拉奇安排盧索和柏迪兩邊會面和解。據他的說法，其中一次是在羅馬祕會進行，地點是盧多維西街上的伊甸酒店（Hotel Eden）。以下是他的敘述：

　　「羅蘭多跟我好幾次試著說服他們達成共識，因為再這樣鬧下去，爭個你死我活實在沒有意義。如果市場願意接受的價格是 100，那就以 100 這個價格做買賣。最好能先達成協議，避免互相殘殺、白白損失金錢；也就是提出一個市場

上大家都同意的合理價格，低於這個市價的生意就免談。一個再低就可能損失慘重，落差太大，導致無法負擔稅金或包裝成本的價格。這個原則當然不僅僅適用於番茄糊，也同樣適用於去皮番茄。但是就後面這項商品而言，我們一直無法讓盧索和柏迪達成協議。我們嘗試過兩三次規劃出一個策略，並建立出一個共通的銷售方式，甚至是市場管道，但是在去皮番茄這一項從來都行不通。相反地，在番茄糊這項商品上，特別是因應阿爾及利亞和利比亞的市場需求，我們共同達成這樣的協議：訂單一律接，不管哪一方拿到什麼訂單。一部分訂單由其中一方負責，可以是盧索或是柏迪，而其餘的部分則由另一方來做。這樣最簡單不過了。」

　　岡多爾菲、盧索、柏迪——1980 年代開始，這幾家企業組成的「番茄糊卡特爾」*全面掌控了歐洲、美洲和非洲紅色工業非常多的區塊。義大利人能夠供給富裕的國家，同樣也能供應貧窮國家的市場，他們是農產食品加工業跨國企業的供應商，也能拿下專制政權公共市場的標案。

　　「第一次和中國人接觸？應該是在 1990 年代，是我接到一通來自荷西工程公司（Ing. Rossi.）的電話後開始的，那是一家專門從事工廠營造的廠商。他們賣了一座工廠到中國，問我是否能協助他們賣掉工廠未來生產的番茄糊。就是

那個時候，我們把亨氏給引介到那邊。」

第 **3** 節
中國北京

　　「在番茄工業裡，義大利扮演了馬可‧波羅（Marco Polo）的角色。」劉將軍扼要地說[*]。「事實上，第一批生產製造設備是義大利人贈送給中國的。義大利帕爾瑪的設備供應商來到中國幫忙設立工廠，協助生產製造，確保專業知識和技術移轉、培訓員工……，一切都由義大利人包辦，很多設備也都是來自義大利北部的羅西＆卡特里公司，或是荷西公司。然後，我們生產的番茄糊會賣到位於義大利南部那不勒斯地區的盧索公司或柏迪公司。義大利人不只供應機器設備，從一開始，他們也向我們購買番茄糊。」

* 即 cartel，或譯同業聯盟、壟斷聯盟、壟斷利益集團，合作目的為了避免過度競爭導致整體的利益下滑。
* 2016 年 8 月 21 日訪談劉將軍。

「我第一次見到安東尼奧・盧索是在 1999 年或是 2000 年的時候。那時我去了那不勒斯，他向我要一些公司生產的番茄樣品。他請他的化學專家分析後，第一個反應是很驚訝──他對我們番茄糊的性價比（CP 值）嘖嘖稱奇。他簡直無法置信。於是他向我訂了一整個貨櫃，用更多的樣品來做另一項測試，我當然照辦。然後，他就下了 5000 公噸番茄糊的第一批訂單。他收到貨物時，先把一部分分給其他那不勒斯的廠商，自己保留了 3000 公噸。這下在義大利的所有人，全都因為中基的番茄糊品質而感到驚訝。我們的番茄的確好！中基實業立刻聲名大噪。接著我就帶著兵團的副董事長前往那不勒斯，把他介紹給安東尼奧・盧索。我們在價格上達成協議，合作關係就此逐步強化。2003 年，為了向我道謝，安東尼奧・盧索送給我一座工廠。我們跟他合作了多年。」

第 **4** 節

艾米利亞－羅馬涅，帕爾瑪

岡多爾菲公司的辦公室簡樸優雅，既寬敞又隱密，這家

公司是全球最大的番茄糊貿易商。番茄業界的馬可‧波羅們就是從這裡出發，展開這個產業既關鍵又戲劇化的全球化歷史。如今他們這一代有三兄弟，是岡多爾菲的第三代傳人，他們走遍世界各地買賣桶裝紅金。每年夏天，這些貿易商幾乎都會輪番到中國出差，三兄弟仔細觀察著中國產量的變化。阿曼多‧岡多爾菲在兄弟間排行老大，採訪當天由他接待我。

「我們是最早去中國開疆闢土的一批人，」他向我解釋。「我們持續提供支援，我們有技術諮詢，也提供義大利技術人員。如今，我們是全球最大的中國產品進口國之一。」

1990 年代初期，阿曼多‧岡多爾菲是第一個造訪中國的義大利貿易商。很難想像這趟商務之旅預示了中國番茄產業的建立。畢竟當時的他才 30 多歲。

「我當時發現的中國和今天的中國非常不一樣。當時人們還穿著毛裝*。街上汽車很少，倒是腳踏車多如過江之鯽。那還是舊中國。如今這個國家快速轉變。當時在中國旅

* 2016 年 7 月 26 日訪談阿曼多‧岡多爾菲。
* 即中山裝。由於毛澤東經常穿著中山裝，西方人也因此稱中山裝為毛裝、毛服。

行，到最偏僻的鄉下，也就是後來成為番茄重要產區的這些地方，對我而言像是一場真正的冒險。我還記得有一次搭了臥鋪車廂，沒完沒了地，悶在車上 24 小時，衛生條件又惡劣……在新疆，因為有時沒有橋梁，我還得開車過河。這真的會讓人覺得自己是個拓荒者。」

當時，北京的目的是要開發新疆。方法是有計畫地加強兵團那嚴謹的策略，亦即透過工業化和農業發展，持續對當地進行殖民。

「就番茄糊的全球市場而言，我認為中國並沒有特別予以研究，至少沒有策略層級的產業研究，」阿曼多‧岡多爾菲這麼分析。「就我觀察，他們主要的動機是給農民工作、創造就業機會和發展經濟網絡。從這樣的起點開始，中國人後來陸續做了一些投資。從一開始，所有的生產就都以出口為導向，因為中國的國內市場非常小，能消費的產品頂多占其產量的 10%，其餘必須外銷。在中國，新鮮番茄的消費量是相當大的，中國也是全球新鮮番茄的最大生產國。但是要過渡到經過加工再消費的模式則非常緩慢。這是文化的問題。從食用新鮮番茄到食用番茄醬料並非易事——這是另外一種飲食習慣。這種傾向正逐漸成形，尤其是在新的一代。但這需要時間。」

　　阿曼多‧岡多爾菲在 1975 年開啟他的職業生涯，跟在父親羅蘭多以及他的親信西爾維斯特‧皮耶拉奇身邊，當時岡多爾菲是亨氏的供應商。這家貿易公司於是成為亨氏這家美國跨國企業在義大利的主要對口，羅蘭多‧岡多爾菲也因此屢屢出差到匹茲堡這個番茄沾醬的發源地。

第 **5** 節

　　1990 年代中期，瑞士是義大利藉以流通資金的金融中心，這些資金讓義大利能在中國設廠[*]。第一批工廠能夠建立，全靠對銷／補償貿易（compensation trade）[*]協議。皮耶拉奇概述了其原則：「我呢，提供你生產所需的機器，你

* 比爾‧普里查德與大衛‧柏區（Bill Pritchard et David Burch），《農產食品業之全球化面面觀：番茄加工業的國際重組》（*Agri-food Globalisation in Perspective. International restructuring in the processing tomato industry*），Farnham, Ashgate, 2003 年。

* 指「設備出口方」提供機器設備和技術（也可以是必須原物料、勞務）之類的項目給予「設備進口方」。而設備進口方須在限期之內，以進口設備所生產之產品或所得收益，進行償還的動作。

呢，就負責生產。等你製造出商品了，再把商品交給我販售，讓我從中拿回當初提供機器所需的花費。這是過去的做法，沒錯，我知道以前是這麼搞的。」

　　所以在中國設立第一批工廠的費用並非以貨幣付款，而是在後續幾年番茄採收並加工之後，以產出的番茄糊還款抵債。關於這種對銷／補償貿易協議的真實性可從美國農業部 2002 年所做的一份報告一窺究竟＊。許多義大利和中國製造商被採訪問到有關這些協議時，對我證實這些協議確實存在──這些協議讓義大利的資金得以先在本國人之間流通，然後從義大利轉往瑞士。但是，全球番茄產業的最高層主管之中，竟然沒有人記得自己曾經簽過類似的合約，也不認識任何的簽約人……是否因為這種資本的流通方式有可能是洗錢的機會──是農業黑手黨夢寐以求的機運，或者對於想要漂白一筆錢的企業而言，是來得正是時候的契機？這個問題根本無解。在中國就跟在義大利一樣，補償貿易協議似乎讓這一行的業者都患了失憶症。況且無論是不是黑錢，這門新型態生意所帶來的好處怎麼說都是「錢」途無量的……。

＊ 美國農業部對外農業服務局（United States Department of Agriculture Foreign Agricultural Service），2002b, p.4.

第 6 節
中國新疆，烏魯木齊

　　他和我約在位於烏魯木齊一家斑駁老舊旅館的大廳；他是中國番茄產業鏈中的一位重量級人物。義大利貿易商提到他的時候，通常都只稱他的中文名，至於名字本身，我不能寫出來。他說話方式的一個細節，令人好奇也足以代表中國番茄產業鏈的歷史——坐在我面前的這名男子說的英語帶有義大利腔。

　　1990 年代，第一批義大利人抵達新疆，準備一磚一瓦建立中國番茄產業鏈，當時的烏魯木齊只有一家簡陋旅館，而這群「番茄產業的馬可‧波羅」首先要找一位優秀的翻譯員。他年輕，英文又好，於是被錄取了。有好幾年，這位翻譯員陪著工具機製造商和帕爾瑪的義大利貿易商走遍整個新疆，也陪他們到北京。由於獲得他們的信任，這個年輕人也在多場策略對話中擔任翻譯。他參與了一些純粹技術性質的交流，也見證了許多重要的談判協商。每一次的經驗都讓他學習到更多產業知識，無論是技術或商業層面。就這樣以翻譯員的身分待在紅色產業巨頭的身邊，幾年後他的專業素養已經無人能及。如今，他在中國工業界服務；對於中國兩大

巨擘中糧屯河與中基實業的運作方式，他再清楚不過了。

「中國番茄加工產業鏈的建立分為幾個階段，」他回憶道。「這個產業鏈真正誕生於 1990 到 1993 年之間；這個時期，中國每年加工的番茄數量達 40 萬公噸。義大利人和中國人都瞭解到新疆的氣候適合種植加工用番茄。此後，他們不斷在當地建造廠房。第二個成長高峰是在 1999 年到 2003 年之間，彼時中國採收的加工用番茄數量達到 500 萬公噸，相當於每年產出 60 萬公噸番茄糊。最後一個成長期是在 2009 年到 2011 年之間，此時中國的產量再創新高，加工用番茄年產量高達 1000 萬公噸；這些都是用來加工的，也就是要外銷到國外。」

「後來，中國開始減量生產，因為新疆的廠商意識到，為了一個並不真實存在的市場生產如此大量的番茄根本沒有用，而且還會對價格造成負面影響。事實上，必須瞭解的是，在對銷／補償貿易的階段之後，中國本地銀行的金錢開始流入，工廠如雨後春筍般冒出，中糧屯河和中基實業之間產生了競爭。兩家企業都設立許多的工廠，並且在這些工廠大量生產番茄糊，直到生產過剩的現象來到最高峰。哪一家將成為世界第一呢？競爭相當激烈。義大利人並沒有採取任何措施來「勸架」，因為這樣他們就能以極低的價格買到番茄糊。

一直到 2014 年，我親自組織了中國製造商之間的協調會，才讓價格戰終止……」。

「很難一一說清楚現在來新疆採購的農產食品大型跨國企業有誰，因為太多家了，」他接著說。

「這些跨國企業進口了大量中國番茄糊。光是聯合利華、亨式、雀巢這三家的採購量，就達到每家每年幾十萬公噸。卡夫公司也買了很多。中國製番茄糊在歐洲的主要市場是義大利、英國、波蘭、德國和荷蘭，這些國家生產番茄調味醬和番茄沾醬。此外，中國也大量出口到俄羅斯。這還不包括那些直接外銷到非洲的番茄糊，也不包括那些先出口到義大利進行再加工，然後再出口到非洲的番茄糊。」

2015 年，中糧屯河公司這家中國第一、世界第二的番茄加工企業，生產超過 25 萬公噸的三倍濃縮番茄糊。中基實業在中國排名第二，產量達 16 萬公噸。排名第三及第四名的分別是昊漢（Haohan）和冠農（Guan Nong），它們各自生產了 8 萬和 4 萬 5000 公噸番茄糊。光是這四家排名前四大的番茄加工企業，就占了中國官方年產量的四分之三：73 萬 7000 公噸的番茄糊。如果說中國是當前在數量上最大的工業番茄糊出口國，這是因為在加工用番茄的領域，最大的生產國一般首先供應的是非常大的國內市場需求。加州的情

況便是如此,其產量主要由北美的龐大內需所吸收。另外一個全球番茄生產大國義大利的情況也是如此,義大利的產量首先供應國內市場,然後才供給歐洲部份的需求。然而,中國這個 2015 年全球第二的生產國,卻是番茄產業強國中,唯一將幾乎所有加工用番茄產量都投入在出口的國家。2016年,番茄新聞網指出,全球生產的加工用番茄高達 3800 萬公噸。加州生產超過 1150 萬公噸的番茄,中國 510 萬公噸,義大利 510 萬公噸,西班牙與土耳其分別是 290 萬公噸和 210 萬公噸。2015 年,全球加工用番茄出口總值將近 65 億美元,相當於 1997 年的三倍,然而全球只有 13 個國家在番茄相關產品方面達到貿易順差。

第 7 節

　　在我調查期間,有業界人士跟我說,21 世紀初中國番茄產業崛起時,中國的番茄廠商都收受賄賂。當然,我的消息來源裡面沒有一個人承認自己有這一類的情形。鮑洛‧昆哈‧里貝羅(Paulo Cunha Ribeiro)這位有影響力的葡萄牙貿易商認為,中國人有時很明目張膽索賄。當然他也宣稱不曾從中分一杯羹。據他說,有些建置工廠或購買設備的合約中買賣

價格被刻意估得過高。他向我說明，只要把發票金額開高，就可以收取回扣：「製造商哄抬價格把設備賣給中國企業，中國企業於是向國有銀行貸款投資；交易一旦完成，一筆見不得光的佣金就會匯入中國企業負責人或其人頭所持有的一個或多個海外帳戶。」

第 8 節

　　中國番茄產業鏈誕生時，新疆的番茄採收全是靠人工：當時的勞動成本比今天便宜六到十倍。它動員了來自中國內地的移工，或是維吾爾族人，每天支付他們約二到三歐元，而如今的行情是每天 20 歐元。

　　勞改犯＊也對番茄的採收有所貢獻，他們來自中華人民共和國的「勞工再教育營」，也就是中國的古拉格＊。

　　熱比婭‧卡德爾（Rebiya Kadeer）女士經常被西方媒體稱為「維吾爾族的達賴喇嘛」，她是世界維吾爾代表大會

＊ 勞改犯係指強制接受勞動改造的犯人。
＊ 古拉格是 Gulag 的音譯，全名 Glavnoe Upravlenie Lagerei，是 1918 年至 1960 年前蘇聯政府機構，負責管理全蘇聯的勞改營。

（World Uyghur Congress）主席。她從 1970 年代就是新疆的商場女強人；1990 年代，她成為中國最有錢的女性之一，就在這一個時期，她的社會地位讓她可以加入中國政治機構。她卻選擇捍衛她的「內地」同胞，公開批判中央政權的政策。1999 年她遭判刑入獄，在勞改營的縫紉廠服刑數年之後，於 2005 年獲釋，如今定居美國。進行這項調查期間，我和她會面。卡德爾女士證實，政治犯被迫參與新疆的加工用番茄採收，而且被迫下田工作的不只是他們。

　　「新疆是中國境內設立最多勞改營的地區，」她向我披露。「每個營區領導都像是企業老闆，他們利用犯人作為勞動力來源，藉此生產外銷商品。囚犯被帶去從事農務或工業加工，是常有的事＊。」

　　我在新疆時，證實了這項消息的真實性。這不是反中宣傳杜撰的謊言。利用囚犯進行番茄採收這件事，不曾得到任何的紅色產業官方單位證實；倒是有一位茄農，他是來自新疆的漢人，跟我說他以前曾經找過勞改犯到他的番茄田進行

＊ 2016 年 7 月 10 日訪談熱比婭・卡德爾。

採收——接著他的番茄會送去工廠加工，之後再以番茄糊的形式被跨國農產食品加工企業買走。

　　蘇聯時期，勞改營經常遭到知識分子譴責。即使是在今天，只要哪個電視節目一提到勞改營，就可能讓任何以共產主義為主題的談話戛然而止。然而，奇怪的是：如今在中國，勞改營還是存在，但它已不再引起任何論戰。難道是因為與此同時，勞改營已經轉換陣營了？事實證明，中國的勞改營完全可以融入全球資本主義：勞改營提供人力給跨國企業供應商的下游分包商，這些企業無所不用其極，只求降低「勞動成本」。中國沒有公布任何有關勞改營的官方數據。根據幾個非政府組織的推估，這種強迫勞動牽涉的人口數達 400 萬人。

　　記者哈特穆特・伊德茲果（Hartmut Idzko）是德國公共廣播聯盟（ARD）長駐亞洲的特派記者。他為德法公共電視臺（Arte）製作了中國勞改營的紀錄片：「勞改營對這個國家的經濟貢獻厥功甚偉。這是數十億美元的市場。通常，歐洲人來參訪看到的都是現代化工廠，他們還可以現場直接下訂。然而在建築物後方，他們看不到的是製造這些產品的監獄：耶誕樹燈飾、給藥廠的包裝、服裝、動物玩偶、機械零件……歐洲零售門市店內販售的許多中國製廉價產品都是在

勞改營生產出來的 *。」

　　當歐洲的經濟已經變得相當依賴中國的出口，這種強迫勞動的情形鮮少被報導。話雖如此，這些勞改營的確提供了農業勞動力，而中國也將如此生產出來的食物和農產品原料外銷到世界各地：這些遭奴役恥辱玷汙的商品，最終抵達了西方國家的百貨公司，也出現在我們的餐盤上。

第 **9** 節

　　幾乎免費的勞動力、極具競爭力的中國番茄糊進攻全球市場、一些貪求低價番茄泥漿的那不勒斯商人、一些急著把新疆帶入工業化的中國決策者——想要「善用」國土，讓口袋滿滿、每年成長 3% 的全球加工用番茄需求、一些想要大賣特賣的工廠設備製造商……所有的天時地利人和都到位了，中國番茄產業似乎註定崛起，然後是生產過剩、產能過剩而閒置。這就是接下來發生的事。

＊ 2015 年 9 月 1 日訪問哈特穆特‧伊德茲果。

10

新自由主義與
全球化的真正操盤手

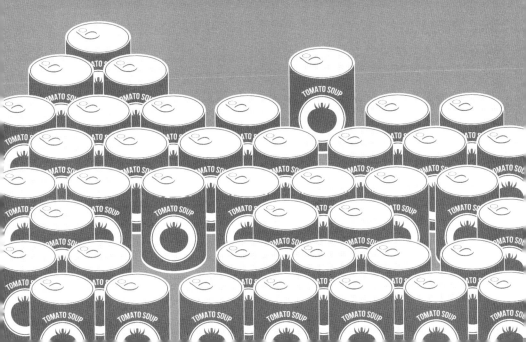

第 1 節

1983 年 6 月 30 日，亨利‧季辛吉搭乘亨氏企業專機首次前往愛爾蘭。他預計停留三天，於 7 月 1 日離開。這趟私人行程受到媒體關注，但是愛爾蘭媒體都猜不透他來訪的動機。一直到 30 年後才真相大白。根據 2013 年解密的國家檔案文件記載，亨利‧季辛吉突如其來的造訪讓愛爾蘭總理加瑞特‧費茲傑羅（Garret Fitzgerald）尷尬不已，不過他還是在都柏林設晚宴款待這位訪客，席間還有一位名叫托尼‧奧雷利（Tony O'Reilly）*的賓客。

　　托尼‧奧雷利是前愛爾蘭國家橄欖球隊球員、億萬富翁及媒體大亨，那時候的他也是亨氏的總經理。幾年後，也就是 1987 年，當創辦人亨利‧亨氏的孫子亨利二氏逝世後，他成為亨氏跨國企業的總裁執行長。奧雷利在位於基爾卡倫

（Kilcullen）占地 300 公頃的豪宅馬汀堡（Castlemartin）接待季辛吉這位美國前國務卿。兩人在城堡花園裡獨自散步時，奧雷利和季辛吉交談著。他們兩人正啟動了農產食品加工業發展史上重大的地緣政治轉折。

　　亨利‧季辛吉剛辭掉在美國政府的職務。一年以來，他掌管新成立的公司——季辛吉顧問公司（Kissinger Associates）。該公司成立時有幾家大型銀行，包括高勝（Goldman Sachs）等的資助，這家顧問公司專門處理跨國公司與政府之間的關係與合約談判。1969 年至 1975 年尼克森總統在位期間，季辛吉曾任國家安全顧問，1973 年 9 月 22 日又被任命為國務卿。美國國務卿職務結束多年後（1977 年），他依然在各國總統府、總理府和政府部會享有自由進出的權力，也有良好的人脈。透過他的顧問公司，季辛吉試圖向大型跨國企業兜售他的影響力網路並從中牟利*。

　　托尼‧奧雷利之所以邀請季辛吉來到愛爾蘭，最主要的原因是因為他從 1971 年 6 月開始與中國祕密往來牽線，

＊艾文‧法倫（Ivan Fallon）著，《天生好手，托尼‧奧雷利的一生》，倫敦，Hodder & Stoughton 出版社，1994 年出版。

＊Leislie H. Gelb，〈季辛吉就是生意人〉，《紐約時報》，1986 年 4 月 20 日。

更是安排 1972 年尼克森總統出訪中國而轟動全球的幕後功臣——這是美國總統第一次正式出訪毛澤東統治下的中國。奧雷利向他表示，全世界只有 15% 的人口可以接觸到亨氏產品——北美、澳洲和歐洲；這位番茄醬巨大企業的總經理只想著一件事：拓展他的商業網絡，進駐那些公認不易攻下市場的國家，跟他們做生意；中國就是其中之一。季辛吉能夠幫助他進駐這個在鄧小平領導下迎向發展的中國。

季辛吉這位外交官一回到美國，便開始為亨氏企業效勞。他安排亨氏跨國企業進駐中國。隔年，也就是 1984 年，亨氏和廣東一家中國工廠達成成立合資公司的協議，該廠此後將生產幼兒營養品。達成這個交易只花了七個月。1986 年 6 月工廠開工。開幕式大張旗鼓，盛況空前，會場齊聚中國共產黨官員和北美跨國企業的高階主管；活動照片上可看到亨利二世（亨氏創辦人的孫子），以及亨氏企業的接班人托尼·奧雷利，他們被一群手拿亨氏商標汽球的中國小孩包圍著。當天，當地的居民也身穿毛裝，頭戴印有亨氏字樣的宣傳帽。

兩年後，這座在中國的工廠，規模已經擴增了三倍。亨氏成為第一家在中國的電視臺播放廣告的西方跨國企業，也是第一家銷售資本主義國家品牌食品的企業。1990 年，天安門事件不到一年後，亨氏銷售的商品已經遍及半個中國。再

一次，這家跨國企業成為資本主義的前鋒。

第 **2** 節

　　1980 年代，新自由主義潮流散播自由市場的理念，受到這個新主流意識形態的影響，許多工業化國家政府放寬對經濟的管制，並「鬆綁」金融產業。鑒此，經濟金融化（financialization）很快地改變國家與全球的生產體系及信用制度（credit system）。1962 年，金融領域占了美國國民生產總值約 16%，製造業占了將近 49%，40 年過後，金融的占比達到 43%，工業反而只剩下 8%。亨氏的老闆托尼・奧雷利完全信奉自由經濟，很早就採用這個新觀點。1980 年代，他是最具代表性的企業領袖之一。他不僅支持新自由主義革命與全球化，還躬行實踐。

　　奧雷利是美國前總統雷根（Ronald Reagan）的私交好友，他也給新自由主義加上番茄醬的顏色[*]。這種醬料在雷根總統

[*] 安德魯・史密斯（Andrew F. Smith），《純番茄沾醬：美國國家調味品史》（*Pure Ketchup : A History Of America's National Condiment*），哥倫比亞市，南卡羅萊納大學出版社，2011 年。

任期內，差點就要被視為是「蔬菜」。1982 年，因為雷根刪減社會福利預算 270 億美元，公立學校營養午餐的經費也被砍掉了 10 億美元。為了達成刪減預算的這項目標，美國農業部部長（United States Secretary of Agriculture）在 1981 年 9 月 3 日提議將番茄醬的類別從「調味醬料」變成「蔬菜」，如此一來，學校餐廳就可以省去學童餐點的一部分生鮮或煮熟蔬菜。這個想法引發強烈抗議，最後並未被採行；儘管如此，時至今日，披薩在美國的學校菜單中還是被視為「蔬菜」。

　　「托尼還是個孩子，他才 50 歲；不過就我來看，不用幾年，他就會夠成熟，能夠參選了，」1986 年，雷根在白宮透過影片向美國、愛爾蘭企業家俱樂部發出聲明。雷根第二任的任期內，共和黨陣營曾想過讓托尼・奧雷利加入總統的幕僚團，並提名他擔任美國商務部部長（United States Secretary of Commerce）。「托尼是愛爾蘭裔美國人中的傑出人才，在愛爾蘭海峽兩岸（指美、英兩國）都獲得認可。我們都非常感激他所完成的大業，不論是在他的國際橄欖球員生涯，或是在許多媒體或國際商務上的貢獻。」雷根在談話中提到。

　　番茄醬大企業創始人的外孫亨利・約翰・亨氏三世（Henry John Heinz III），本身也是共和黨另一號代表人物：他在

1971 年至 1977 年獲選為美國眾議院（United States House of Representatives）議員，1977 年擔任參議院議員。1991 年他在一場空難中罹難[*]，當時共和黨總統老布希（George H. W. Bush）還親自出席葬禮；靈柩安置於亨氏紀念教堂（Heinz Chapel），這是一座位於匹茲堡市中心的哥德式教堂。他的骨灰安葬於家族墓園，於此長眠的還有他的曾祖父亨利・約翰・亨式、祖父霍華德・亨氏，以及他的父親亨氏二世。

第 3 節

關於 1980 年代，季辛吉顧問公司究竟提供什麼樣的顧問服務給亨氏，雖然至今依然成謎；然而 1986 年托尼・奧雷利曾在《紐約時報》（*New York Times*）表示是亨利・季辛吉協助亨氏進駐到象牙海岸（Côte d'Ivoire）建廠；季辛吉的居中牽線，讓他可以跟該國總統費利克斯・烏弗埃－博瓦

*議員亨氏三世的遺孀泰瑞莎・亨氏（Teresa Heinz）於 1995 年再婚，嫁給第 68 任美國國務卿約翰・凱瑞（John Kerry）。

尼（Félix Houphouët-Bobigny）會面。這場會面距離托尼·
奧雷利及當時辛國總理羅伯·穆加比（Robert Mugabe）*達
成協議，讓亨氏公司與辛巴威*合資，僅僅相隔了一年。「我
們視亨氏為重要夥伴，也是其他外資應追隨的楷模。我們對
於亨氏到辛巴威投資並促進發展感到無比歡欣。」當時穆加
比熱情地說，「因為這項協議可以提升國內許多人民的生活
水準。」

　　托尼·奧雷利也有同感：「我們在辛巴威的合作經驗非
常好，」當時他這麼說。「……我們對這項投資很滿意，也
對該國政府有建設性且穩固地伴隨著亨氏，感到開心。」

　　鑒此，1992 年亨氏跨國企業的營業額地理分配如下：
北美 64%，歐洲 28%，其餘地區 8%。每次亨氏企業進入俄
羅斯、中國和泰國等國之內需市場，都會舉辦大型「科學」
講座，由亨氏營養科學研究所（Heinz Institute of Nutritional
Sciences）主辦。

　　科學家和公共衛生管理部門的代表都出席了這些會議，
會議的目的在於賦予亨氏企業某種科學公信力的光環。這
樣的形象也藉由亨氏企業基金會舉辦的傑出講座（Heinz
Company Foundation Distinguished Lecture），在大型國際會
議中建立。政治家紛紛響應這類活動，因為在此發表演說

可以獲得報酬，更可以增添自己的威望。尼爾森‧曼德拉（Nelson Mandela）就是其中一位演講者。

　　然而，雖然亨氏企業的中國子公司網頁上，以長頸鹿寶寶的外形呈現大事年表，讓網友可以看到它輝煌的官方歷史，該公司許多醜聞失信事件的日期，顯然不會被標示出來。2006 年，綠色和平（Greenpeace）組織在德國一間實驗室裡檢驗亨氏產品時，就發現亨氏廣州工廠生產的麵粉內，含有違法的基改稻米成分。而廣州正是亨氏跨國企業中國總部的所在地。根據綠色和平組織的說法，這個案子史無前例：因為這是全球首次在嬰兒食品中檢驗出基改成分（GMO）。[*]亨式企業在回覆該非政府組織的新聞稿中，指出他們自己進行產品檢驗時，並未發現任何基改成分，但他們也坦承無法交代這些米的來源。兩年後，也就是 2008 年，正值毒奶粉事件造成許多名中國嬰兒死亡期間，亨氏企業的中國子公司

* 出處同上。

* 〈亨氏獨闖辛巴威〉，《紐約時報》，1989 年 2 月 27 日。

* 資料來源：〈亨氏企業〉，1993 年跨國企業研究中心（Centre for Research on Multinational Corporations，SOMO）報告。

* 綠色和平組織，〈亨氏嬰兒食品被驗出含違法基改稻米〉，2006 年 3 月 14 日。

和其他農產食品加工企業一樣首當其衝。中國當局宣布發現亨氏製造的嬰兒食品含有過量的三聚氰胺*，亨氏企業立刻決定回收含三聚氰胺的嬰兒食品，並宣稱不再使用中國製的奶粉。根據的統計，中國當時有將近 9 萬 4000 起三聚氰胺中毒事件，北京則對這起中國農產食品工路透社業衍生出的醜聞進行全面新聞封鎖。2013 年，中國當局再次強制亨氏企業回收部分嬰兒產品，原因是發現該類產品受到汞汙染*。2014 年，亨氏又一次回收另一部分嬰兒產品，原因是衛生當局查核發現還有其他嬰兒食品的含鉛量過高*。如此看來，那些大排場宣導食安的大型科學研討會，顯然都成效不彰。

第 4 節

　　1970 年代中期，亨氏在國際業務擴張的同時，卻選擇大幅縮減其生產基地的數量，不論是在美國、英國或澳洲都一樣——1975 年到 1980 年之間，數量驟減一半，這段時期數千名員工遭到裁員，使工作機會大幅減少（每五個人，就有一個被裁員*）。管理階層採取盡可能「降低生產成本」的策略，卻完全沒有考慮要付出的社會成本有多少。相反地，

亨式企業將生產火力集中在一些數量較少、但是規模更大的廠房，也就是超級工廠。這可說是徹底揮別早期的家長式經營策略。

1982 年，亨式擁有 3 萬 6600 名員工，營業額達 37 億美元；十年後，它的投資報酬率更高，員工人數則更少了——1992 年，亨氏有 3 萬 5500 名員工，營業額卻達 66 億美元。1991 年和 1992 年，亨氏進行另一次重大改變——它撤出原物料生產的領域，將生產玉米粉、葡萄糖或代糖的工廠都賣掉。取而代之的是在公司內設立中央化全球原物料採購網絡，目的是以最低價[*]買進生產所需的原料，就跟番茄糊的情況一模一樣。

從此以後，掌握資訊網絡與談判權力的決策辦公室成為單一窗口，由它統一採購原物料。成本壓縮的同時，行銷預算則完全暴增：由 1992 年的 2 億美元增加到每年 12 億美元，相當於營業額的 18%。儘管行銷預算在亨氏企業發展史上一直相當可觀，但是在 1992 年來到了最高峰。

＊ 柏勒克（L. Bollack），〈受汙染的牛奶：亨氏決定不再使用中國牛奶〉，《回聲報》（Les Échos），2008 年 9 月 30 日；〈亨氏嬰兒食品驗出三聚氰胺〉，網站：7sur7.be，2008 年 9 月 27 日。

＊ 資料來源：〈亨氏企業〉，1993 年跨國企業研究中心報告。

＊ 出處同上。

　　「我們將亨氏企業打造成一座徹底全球化的可觀企業，」托尼‧奧雷利自豪地說，「我們擬定了以全球為規模的策略，而亨氏企業如今應該繼續努力，直到品牌成為全球消費者的首選，在世界各地都一樣。今天如此，未來的所有世代也會如此。」

　　自 1983 年到 1993 年，任何把年度股息轉投資於亨氏新股票的投資人，將獲得每年 20.6% 的增值率[*]，相當於十年成長551.5%⋯⋯。「亨氏企業的故事具有啟發性與激勵性，」亨利‧季辛吉認為。托尼‧奧雷利的領導正確示範了何謂優秀的管理。如今一批又一批新世代消費者投入全球化市場，而亨氏企業依然是個歷久不衰的理想，前景可期[*]。

* 出處同上。

* 愛蓮娜‧富瓦‧狄恩斯塔克（Eleanor Foa Dienstag），《與亨氏同桌 125 年》，同前文所引述。

「太陽只是一顆晨星。」

——亨利・戴維・梭羅（Henry David Thoreau），

《湖濱散記》（ *Walden, or Life in the Woods* ），1854 年。

加州威廉姆斯市（Williams），晨星工廠（Morning Star）公告欄。

Chapitre 11

番茄加工業
頂尖企業的驚人生產力

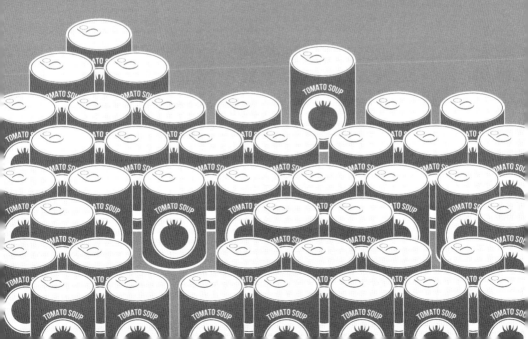

第 1 節

美國加州科盧薩（Colusa）郡，威廉姆斯市

工廠廠區策略性地蓋在鐵路軌道旁，由木箱堆疊而成的高牆正宣告著我們已經抵達的事實。高牆中的木箱每個約一立方公尺，每口木箱都裝著一個無菌袋，裡面是一短噸 * 的番茄糊。通往工廠的路上，這些準備要送走的箱子，窮目所及排成長長的一直線，綿延數公里。入口處，大型卡車像是在表演從不間斷的芭蕾舞，運載著雙重車斗（double skip）的番茄。一些駕駛才剛停好巨大的托車，其他的駕駛又來接手。在這個各司其職的蜂窩裡，這些北美卡車就是嗡嗡作響的蜜蜂。

克里斯‧魯佛（Chris Rufer）開著車，超越這些卡車，

進入員工停車場，停車場裡停放許多皮卡車。這個男人高大、枯瘦，一雙深邃的藍眼睛似乎永遠在盤算什麼。他腳上那雙破舊的黑靴子，令人完全看不出他早已致富。這位番茄大亨正是全球番茄產業中權力最大的人。他的晨星公司（The Morning Star Company）生產全球 12% 的番茄糊——這家公司是紅色工業的最大企業。光是這家公司就供應了全美加工用番茄糊和番茄丁需求量的 40%。晨星每年營業額高達 7 億美元，卻只有 400 位員工和三座工廠。這三座工廠可說是全球最強大的廠房，整體產能可以每小時加工 2500 公噸的番茄。其中兩座分別位於加州中谷地區（Central Valley）南部聖華金（San Joaquin）的洛斯巴諾斯（Los Banos），和美熹德（Merced）的聖內拉（Santa Nella）——全球最重要的集約農業區之一。第三座，也是全球最大的番茄加工廠，位於威廉姆斯，在加州中谷地區北部，距離沙加緬度（Sacramento）不遠。

＊ 即 short ton，或譯「美噸」，是美國通用的重量單位，每單位合 2000 英磅（約 907.18 公斤）。

　　老闆先讓我按規定戴上安全帽、穿上白色工作袍，接著他走在我前面帶路，沿著巨大的銀色桶槽行走，在工廠裡前進，走上大型金屬階梯，打開一扇面向蔚藍天空的門。眼前這座工廠巨大無比。晨星公司位於威廉姆斯，它的生產線從人造坡上的番茄卸貨站開始。如果用望遠鏡從遠處觀望，番茄卸貨站就像是一個玩具；更精確地說，就像玩具車庫，小汽車在孩子們熟練的手操縱下，先往上爬好幾層樓高；接著，到了建築最頂端，小汽車就依據早就想定的劇本，從迴旋溜滑梯往下衝出去。

　　這裡的卡車都是走在單行道上，拖載著盛滿番茄的車斗，一路開到人造坡頂端，進入卸貨站。卡車在規定車位上停妥，一些圍成跟車斗一樣長方形的移動式水管，在纜線的支撐下，正好搭在車斗上方四周。同時，一名工人打開車斗的側檔板，讓番茄開始滑出。另一名工人站在較高的平臺上監看一切順利運作，接著按下控制鍵讓水管開始沖水。這個位於加州的工作站與中國和義大利的工廠不同，它的番茄的卸貨已經完全自動化。平臺上的作業員只要負責監督控管就好，不必像其他地方的工廠那樣親自拿著水管沖番茄。這個方法是一位企業家發明的，把他比作番茄界的「亨利·福特」絲毫不為過—— 他就是克里斯·魯佛。

「用水槍卸貨？這種方式已經落伍了，而且速度慢又耗時！」他在平臺上向我解釋，不時露出牙膏廣告裡才會出現的燦爛笑容。「這座工廠都是我自己的。[*]」

為了在番茄產業穩坐冠軍寶座、獲取財富，這位企業家系統性地找到並剔除任何不必要的成本，盡可能讓工作自動化。他竭盡所能提升工廠的產能，排除任何「無用的工作」，也把人力降到最低。

「在這座工廠，卡車抵達卸貨站之前，我們就開始在卡車裡灌水，這樣每輛卡車可以節省 15 秒鐘。」語畢，克里斯·魯佛迅速幫我算出實際省下的時間：每輛卡車卸貨省 15 秒鐘，單就這個工作來說，他的公司每小時省下七分鐘，也就是相當於「每一季，節省一個工作天，」他補充說。這個車斗提前灌水的做法只是該工廠眾多的節約方式之一。番茄加工過程中所有的動作、所有的工人、所有必要的工作站都經過魯佛的分析，他堪稱工作科學化組織工程師的現代傳人。如今，他的工廠是全球最具競爭力的工廠。然而，晨星

---

[*] 2016 年 8 月 27 日訪談克里斯·魯佛。

的老闆並不沾沾自喜：

「我是一個偏執狂。我認為我們可以做得更好。我愈仔細觀察，就愈能找到缺點。還有很多事情要處理，很多事情需要改善。我認為我們做得還不夠好。我們可以做得更好、再更好。」

大量的水從水管流出，淹沒了車斗。在水流強大的力道下，番茄堆陷入漩渦，從檔板露出的洞口傾瀉而下，湧入「溪流」（輸送水道）之中。數不清的番茄閃爍著光澤，彼此碰撞，翻滾彈跳，讓工廠的水流帶往嘈雜的機器中。

「單單這一座晨星的工廠，加工的番茄數量就相當於全中國或義大利的數量，」烏拉圭貿易商胡安·荷西·阿梅札加（Juan José Amezaga）對我說，他是紅色工業最重要的貿易商之一。他過去曾為晨星工作，負責將加州番茄糊銷往歐洲。「晨星公司沒有接受任何政府的補助，卻依然成為全球最具競爭力的公司，」他繼續說。「就番茄產業而言，如果將中國或歐洲模式與加州模式進行比較，我們會很快發現，加州模式是完全圍繞著規模經濟的概念去建構的，也最能夠面對不同商業陣營間的經濟戰爭。這也是為什麼中國和歐洲紛紛試著效法加州模式。」所謂加州模式，當然是指克里斯·魯佛的模式。這是最近期的革新。中糧屯河的番茄部門主

任余天池也深表同意：「在中國，我們逐步採行加州模式，因為這是最具生產力、最有競爭力的方式。」

　　車斗淨空了，卡車迅速地往出口的單行道駛出，消失在前往番茄田的道路上。其他的卡車持續進來接替前車的位子，就這樣日以繼夜地運作，24 小時無休，每年 100 天。車流可說是從不間斷，因為威廉姆斯工廠採用的是即時化生產技術（Just in Time，JIT），所有番茄從運輸、卸貨、到上加工線都是即時的。整個流程下來，番茄也會歷經去皮、去籽、加熱、壓碎，乾燥等程序。廢棄的部分則再度倒進車斗運走，作為牲畜的飼料。經過乾燥程序後，番茄糊被裝入塑膠無菌袋，外形可以吻合要裝入的更堅固容器，以適於貨櫃運輸。在美國，他們不採用汽油桶大小、負荷 1/4 公頓重的藍色油桶，常見的反而是約一立方公尺大小的木箱。儘管容器不同，但是過程和最終的目的都一樣。多虧了這些承載番茄糊的木箱，北美洲人才能享用亨式番茄醬、康寶濃湯或達美樂披薩。

第 2 節

　　最佳無菌包裝可說是亨氏全力投入研發幾十年下來的成果。由於這項發明,番茄變成真正的原物料——只待貿易商將它們一桶桶交易出去。無菌包裝的發明加速了番茄的全球化,讓番茄得以保存、宜於運輸,可以從地球的一個港口到達另一個。這個做法為所有人接受,淘汰了笨重的金屬鐵盒包裝,它既不便利也問題重重,缺點也不少。在「無菌革命」之前,亨氏工廠,例如加拿大安大略省利明頓(Leamington)的工廠,都是在夏天進行番茄加工,製成番茄糊,然後保存於巨型槽內,這樣一整年都能生產番茄醬。1950 年,亨氏的一位加拿大員工想到另一種解決方式*:他使用了工廠的建議系統表格,寫下他的建議,當中他提出也許可以將製藥工業用在液體產品的包裝技術,運用在番茄糊的運輸上。一位工程師發現了這份建議書,認為這個想法非常明智,於是召集專家共同研擬。隔年 1951 年,亨氏在利明頓的工廠測試一臺機器,這臺機器能填滿或清空整桶番茄糊,也能使用第一批無菌袋包裝。這個原型機每分鐘可以汲取兩加侖*的番茄糊。30 年後,速度已經增至百倍。

　　1968 年,也就是亨氏發明速食業專用的獨立包番茄醬這一年,亨氏番茄醬的生產已經有一半不再是從生產線最開端

的新鮮番茄施以加工，而是用儲藏在無菌桶槽內的番茄糊做原料。無菌桶或無菌槽提供了更大的彈性：它們讓廠商可以視需求改變加工用番茄的栽種地。1970 年代，當使用番茄糊作為番茄醬或其他醬料的原料成為亨氏公司唯一奉行的準則時，亨氏企業不但已成為食品工業最大的跨國公司之一，同時也是番茄糊製造的全球指標性企業。

　　1980 年，加州史塔克頓（Stockton）的亨氏工廠已經只用桶裝番茄糊。這也是全球第一條完全脫離傳統生產模式的加工線，以前夏天出產的瓶裝番茄醬、醬料或盒裝湯品都是從這種傳統模式產出。這家亨氏工廠只處理單一生產，採用單一包裝：番茄桶。過去，大型跨國企業如亨氏或康寶濃湯公司，都是從頭到尾自己加工番茄，作為產品的原料；此後，他們將使用桶裝保存的番茄糊，不再計較這個番茄糊是不是自己生產的。今天，「順理成章」地，農產食品加工業偏好直接從「第一道加工廠」，例如加州的晨星公司、英格瑪（Ingomar）或是洛思加圖斯（LosGatos）等取得番茄糊，因

＊ 愛蓮娜・富瓦・迪恩斯塔克《與亨氏同桌 125 年》。前文已引述。

＊ 美制一加侖＝ 3.78 公升。

為它們價格低廉。這就是為什麼晨星公司可以將番茄糊賣給許多跨國企業的原因。

　　無菌桶的使用讓加工用番茄擁有極高的流動性，於是加工用番茄得以完全適應全球化下的新自由主義環境。

第 3 節

　　「科學發現大自然的定律，工業加以運用，以追求人類的幸福、和平和繁榮」，威廉姆斯晨星公司的一張海報上如此寫著。這家公司的運作模式完全依據一道原則建立：追求規模經濟，以將產品單價壓到最低，同時提高產量。如今，晨星公司給農產食品業中跨國企業的報價，沒有任何一家其它販售醬料或湯品的個別公司可以與其競爭。光是威廉姆斯的廠房每小時就加工 1350 公噸番茄，而且 24 小時無休，一年運轉 100 天。該工廠儼然就是一座金屬城市，像科幻小說中的那樣，是一座由巨槽、水管、各種管路組合而成的迷宮。裡面有各式各樣、五花八門的儀器，像是氣壓計、手柄、活塞、水龍頭、錄影監視器和電腦螢幕。大家或許以為這裡會有許多員工？非也！工廠是空的，或者說幾乎是無人

的狀態。在裡面幾乎不會遇到什麼員工——大部分的工人職缺或管理幹部的位置都已取消，由電腦取代。全球最大的番茄加工廠內部居然每班只有 70 名工人輪值。「我是無政府主義者，因此晨星內部沒有主管，我們公司採自主管理（autogestion），」他向我說明。自主管理並不是意味著勞工將控管公司的資本。在晨星公司採尖端科技的工廠裡，就連管理階層也都消失了——克里斯·魯佛已經重新界定並合理化所有的工作項目。因此，工人只需自理，將最後一點剩下必須由人來做的工作分配完成。

　　監控室相當寬敞，裡面的牆上裝滿了各式監控螢幕，兩名年輕女子坐在椅子上，盯著數字看。「你看到了嗎？」魯佛開玩笑說，「這兩位女孩只是短期雇員，卻操控了整座工廠！如果她們有問題，就會叫吉米過來，但她們就是工廠的主管！」

　　全自動化的策略是克里斯·魯佛的選擇，這來自於他的世界觀，他的想法和政治取向：他是自由至上主義者（libertarian）。他致力於實踐他的烏托邦世界，一個國家都消失了的地球；在這個世界裡，資本主義、生產工具的私有化、自由貿易、科學和集約農業製造出一個由機器代替人類工作的社會。

　　在晨星公司三座工廠的上方，飄著 13 顆星的寬條旗。「這面旗完全合法，是美國國旗的一種。這是革命的旗幟。」克里斯‧魯佛熱切地說。這面旗幟見證了美國歷史的源頭：這是美利堅合眾國最早的旗幟，當時的首批菁英分子都是由一些貿易商、船商和農場主人組成。這面旗從 1777 年美國獨立戰爭時被拿來使用，就在著名的《獨立宣言》一年之後，旗子上共 13 顆星，象徵脫離不列顛統治的 13 個殖民地。

　　「工廠懸掛這面旗幟，是因為我想看見美國重拾昔日美好的價值，成為一個不管是政府或多數投票體系也都不能傷害他人、不能侵犯他人財產的社會。正因為我是自由至上主義者，這面旗幟才會迎風飄揚，我希望旗子持續指引我們，讓所有人記住我們從哪裡來。」魯佛對我說。

　　在美國，克里斯‧魯佛是一位重要的自由至上主義領袖人物。晨星這個公司名稱來自梭羅的一首詩，魯佛很欣賞梭羅的個人主義思想。自由至上主義者，是源自自由主義的「政治哲學」，其基礎要素是絕對捍衛自由市場且不對市場設置任何限制，土地和生產工具私有制，以及個人自由。任何機構，尤其是國家，都不該阻礙個人創業和自行組織自己的意志。

　　所有自由至上主義者都同意，必須杜絕國家的介入，不

論在經濟、社會或軍事領域。所有的管制，不論是稅務、勞工權或環境標準等，在自由至上主義者眼中都是危害個人利益、損害個人神聖的私有財產權的；而後者對他們而言，不應有任何的阻礙或設限。美國最有名的自由至上主義報刊是《理性基石》（*Reason Fondation*），以「自由精神與自由市場」為口號，並刊出「私有化年度報告」，追查仍自外於自由市場的那最後一些公共服務——這些遺害都遭到指控，應被消除。自由至上主義者呼籲經濟應全面私有化。其中一些人甚至認為，軍隊、警察、消防員或森林管理員等，皆應該被私人民兵服務取代，然後由每個人 需求自由選擇是否要購買這些服務。

　　雖然他們當中不少人與共和黨過從甚密，這些自由主義基本教義派分子並非保守分子——他們是個人主義者，認為個人自由應該要是完全的，不能有限制或規範。他們主張不管是擁有或使用槍械、自己消費或販毒、販賣肉體或嫖妓、解聘員工，或者地主想要在自有地上開採礦產，即使是重度汙染的活動，都不應對這些要經商或創業的人強加限制。個人自由對自由至上主義者而言是神聖的準則，私有財產權則是其合理衍生的權力。這種完全否定任何形式國家主義的意識形態，是架構在對資本主義無條件的捍衛之上。這群人遵

從小說家艾茵‧蘭德（Ayn Rand）[*]的訓誨，認為「利己主義是一種美德」。

克里斯‧魯佛是美國自由意志黨（Libertarian Party）極有影響力的捐款人之一。2016 年，他捐款 100 萬美元給美國總統大選第三位候選人蓋瑞‧強生（Gary Johnson）的陣營；強生刷新自由意志黨的紀錄，獲得 450 萬票，得票率 3.29%。

參訪威廉姆斯工廠那一天，中午我和魯佛在格蘭傑拉餐廳（Granzella's）用餐。那是一家牛仔喜歡的酒吧，有熊和眼鏡蛇的標本做裝飾，店裡販售擁護槍枝的海報，以及繡有川普（Donald Trump）口號「讓美國再次偉大」的棒球帽。這位番茄大亨向我表示，他相當推崇芝加哥學院的創辦人、經濟學家米爾頓‧傅利曼（Milton Friedman）[*]，與他私下也有往來：「我和他見過很多次，我們的妻子是朋友。米爾頓‧傅利曼生前很特別；我必須說，我很少認識過像他這麼有深度的人。」

＊ 艾茵‧蘭德是俄裔美國小說家及哲學家，其哲學理論強調理性的利己主義與個人主義，暢銷著作包括《阿特拉斯聳聳肩》（*Atlas Shrugged*）、《源頭》（*The Fountainhead*）等。

＊ 傅利曼在 1976 年獲頒諾貝爾經濟學獎，被譽為 20 世紀最重要的經濟學家之一。

第 4 節

加州聖華金谷，美熹德郡洛斯巴諾斯城

　　廣闊的田野上，深色葉簇的灌木叢向地平線盡頭綿延不絕地生長著。果實已經成熟，顏色非常紅。隨著採收機器靠近，噪音分貝不斷增強。龐大的採收機發出巨響，機械式地前進，一個接著一個吞沒那些沒有支架支撐的苗木。採收機的大小就像聯合收割機，前艙有一道一公尺長的鐵蹄。鐵蹄會沿著地面切斷番茄根部，然後採收整棵割下的植物：藤、葉片、土塊，有時也有異物，石頭、木塊、昆蟲或兩棲類動物。在加州，全球最大的番茄田上，採收已經全面機械化，採收的番茄接著會送到十多座超級工廠進行加工。

　　鐵網製成的輸送帶把已切斷的番茄樹拾起，送入機器內部。整棵番茄遭受強力晃動，番茄脫離枝椏，篩進第二道輸送帶，再由幾位工人手工揀選放入機器——這個工作十分艱辛，因為工人必須站在機器上，在溽熱的盛夏，頂著烈日，忍受機器的震動、灰塵和噪音。但是這個人力需求還可以維持多久？最近幾年，光學揀選番茄的技術更加精進，也開始取代這項勞力了。

　　手工揀選之後，沒有淘汰的番茄會繼續下一道程序，藉由機械輸送帶往上輸送，最後掉進大卡車的車斗，卡車平行

開在採收機旁幾公尺之處，以相同的速度前進。採收機則連續地噴射出橢圓形番茄。機器後方，採收機吐出番茄採收中不要的廢棄物：泥土、藤蔓、不合格的番茄，以及各種排放氣體，是耗費能源的發動機所排放出的廢氣。

　　乍看之下，採收機的運作方式似乎很簡單。然而，其研發成功的過程卻是歷經一段漫長的社會歷史和繁複基因工程的結果。事實上，為了讓這些加工用番茄可以在採收機內部經大力搖晃就自己脫離藤蔓，基因工程師完成了一項重大工程……他們創造了新的番茄品種。

第 5 節

　　目前加州農業模式的源頭，可追溯至當初淘金熱移民湧進當地經歷的多次失敗經驗——1848 年，這些來自美國東部的移民希望能夠致富。這些移民使加州人口激增，最早抵達的人開始占領土地、建立大農場。他們需要勞力，於是僱用印第安人，後來也僱用華人移工；這些華人起初被引入美國是為了建造鐵路，開採礦產。1860 年代末期，鐵路已建造完成，一些礦產也枯竭了，華人移工於是投入開發加州遼闊的

農場。這段占領土地，然後招募幾乎免費的移民或美洲印第安人勞工的歷史，催生了新的農業模式。然而「誰第一個將土地圈起來，膽敢說『這是我的』，並且能夠找到一些天真的人相信他，誰就是原始社會的奠基者。可是，假如這時有人拔掉木樁，填平溝壑，並且向他的同類大聲呼籲：『不要聽信這騙子的話，你們如果忘記果實為大家所有，而土地不屬於任何人，你們就全完了！』如此一來，人類可以避免多少罪行、戰爭、謀殺、苦難和暴行啊！」一個世紀以前，盧梭（Jean-Jacques Rousseau）＊早就警告過了……。

　　19 世紀末，加州的華人移民，有 95% 是男性，他們變成了農田裡的無產勞動階級，在地主控管下的惡劣工作環境中依然刻苦耐勞，存活下去。他們無法享有和美國公民同等的權利——在這個「自由的國度」，他們不准與白人女性結婚。他們繼續穿著傳統唐裝，留著辮子，這些「次等公民」被加州民眾排擠貼標籤。他們接受最辛苦的工作，有時候被

＊ 盧梭是啟蒙時代的法國與日內瓦哲學家及政治理論家，其著作《社會契約論》（Du contrat social ou Principes du droit politique）闡述主權在民的思想，為現代民主制度奠定基石。

廉價僱用以使罷工失敗,這種情形特別出現在礦業。種族屠殺時有所聞。針對華人的種族歧視逐年攀升,最後演變成1882年通過《排華法案》(Chinese Exclusion Act),終止了美國招募華人移民的政策。

在加州的農場,日本人於是取代了華人,然而他們也成為排外行動與言論的受害者。隨著牽引機的出現,也就是第一代農業機械化,需求和工作逐漸演變──加州農工變成季節性移工。

1924年,《移民法案》(Immigration Act)這次禁止日本人移民美國。第一次世界大戰期間,特別是1917年以後,青年男子入伍服役,地主又轉而尋找了另一些男性勞力,這次是菲律賓男人。不久之後,墨西哥人也步上後塵,同樣成為住在陋屋的貧民勞工。

1929年經濟大蕭條爆發,掀起一股大規模的美國國內遷徙潮。破產的白人農民從東部來到加州找工作。農場主人於是享有大量的後備勞工,於是他們壓榨日薪工人,支付工人低於生活水準的薪資。這一頁歷史依然有名,因為諾貝爾文學獎得主約翰‧史坦貝克(John Steinbeck)* 藉由其小說,描繪故鄉加州的社會史詩,也呈現了農田裡無產勞動階級極其貧困的命運。白人勞工自此淪為當地社會的最底層,成為

其他美國人民歧視的對象，一如之前那些少數移民遭到同樣的待遇。

1941 年，隨著美國加入二戰戰局，加州原本源源不絕且幾乎免費的農業勞動力，一夕之間消失殆盡。第二次世界大戰期間，不斷尋求廉價勞力的大地主向白宮施壓。1942 年，富蘭克林‧羅斯福（Franklin D. Roosevelt）會見墨西哥總統曼努埃爾‧卡馬喬（Manuel Avila Camacho），兩人發布了「短工計畫」（Programme Bracero）── 西班牙文 bracero 的意思是「用手臂幹活的人」。一場合法的移民政治於是啟動，每年的移工數字有高有低，甚至曾經一年內新增 45 萬名移民農工。在這項計畫中，番茄生產者是最大受益者之一。1950 年代，番茄採收時節，常常在農田裡所有的採收工都是透過該計畫僱用的。

1935 年美國的《瓦格納法》（Wagner Act）雖然允許民間籌組工會，但這項法令卻未將農工納入保護之下。到了

* 約翰‧史坦貝克在 1962 年獲頒諾貝爾文學獎，其長篇小說《憤怒的葡萄》（*The Grapes of Wrath*）以經濟大蕭條為背景，獲得美國國家書卷獎（American National Book Award）及普立茲小説獎（Pulitzer Prize for Fiction）殊榮。

1950 年代，美國農工仍舊沒有參加工會的權利。就在加州農田裡有愈來愈多工人組織起來為爭取這項權利而抗爭時，那些「手臂工」經常被加州農場僱用來破壞罷工運動。

1948 年，一名採收棉花的年輕男子凱薩‧查維斯（César Chávez）經歷了人生第一場罷工失敗的殘酷經驗：他參加罷工，農場雇主卻僱用了幾乎無償販賣勞力的手臂工。合法移民計畫愈來愈遭到工會的指責，並非因為這個計畫可以讓墨西哥人在加州找到工作，而是因為該計畫讓社會傾銷（social dumping）＊變成常態，不僅有組織甚至變成制度的一部份，這使得在勞資雙方的權力鬥爭中，只有資本家獲利，而非國界兩邊的工人。地主就是利用這些沒有政治意識的移民，組成強大的後備勞工部隊，來中斷工會組織的罷工。不過，在加州農業工會立場的影響下，公眾輿論和民主派政治人物逐漸瞭解到移民計畫只嘉惠富有階級、地主和大型農產食品加工跨國企業。

凱薩‧查維斯出身墨西哥農業移工後代，他在擔任加州工會幹部期間成為有名的社運人士，為西班牙裔美國人爭取公民權利。1962 年，他和幾位同志共同創立農工聯盟（United Farm Workers，UFW），這是一個非暴力的工會，主張公民不服從（civil disobedience）。儘管工會總是採取和平運作模

式，其在 1960 年代和 1970 年代的抗爭卻遭到無情鎮壓，工會的幾位成員因而在罷工示威活動中喪生。

　　凱薩‧查維斯對於他的墨西哥同胞來加州找工作並無異議，然而，他很快瞭解到短工計畫會把工資永遠壓低。因此，他主張廢除該計畫。就在農工聯盟創立後不久，短工計畫在甘迺迪總統執政期間正式撤除了——1963 年，在一場激烈論戰後，美國眾議院拒絕延長該法案效期。儘管大地主和跨國企業全體總動員，堅持應保留該計畫，最後只獲得一年的延長。亨氏企業當年在它的年度股東大會報告裡批評這項決議。在番茄產業裡，資方完全不考慮付給農工更高的薪資。而盡快找到緊急替代方案，所有問題都可迎刃而解——採收機械化遂勢在必行。

＊ 指出口國以低於一般市場的價格將產品外銷至進口國，但其售價之所以能夠壓低，是因為沒有提供合理的工資或提供勞工任何保護，將本國的社會問題「傾銷」至進口國。

228 Chapitre 11 番茄加工業頂尖企業的驚人生產力

加州大學戴維斯分校（University of Davis, California），番茄基因資源中心（Tomato Genetic Resource Center）

　　這裡有櫥櫃、塑膠箱、許多小信封。冷藏庫大約十幾平方公尺，沒有美術館來得華麗。然而，這裡卻是世界上獨一無二的地方，裡面收藏著無價之寶。我走進了一家番茄種子銀行。這裡收藏超過 3600 個不同的番茄品種，每一個都以標籤分類，包括南美洲發現的野生番茄、人類種植的番茄，以及暴露於輻射線後得到的突變種（mutant）。

　　美國加州大學戴維斯分校是農業學研究的重鎮。該分校距離加州紅酒知名產區納帕山谷不遠，大學內的研究員都曾經為產區的成功而瘋狂地努力研究，戴維斯分校是未來農產工業的搖籃。

　　戴維斯分校的番茄基因資源中心在紅色工業裡曾扮演關鍵角色。該中心是以查爾斯・馬德拉・瑞克（Charles Madera Rick）命名，他是這裡之前的大學教授，當時是番茄生物學界的世界權威。他下巴蓄了白色山羊鬍，頭上總是戴著漁夫帽，就連在美國國家科學院（National Academy of Science）年曆上的大頭照也是如此扮相。這位番茄界的「印第安納・

瓊斯」（Indiana Jones），或是生物海盜（怎麼稱呼要看情
況！），有大半輩子在南美洲度過——1948 到 1992 年間，
他在那裡發現了許多野生品種。

　　查爾斯‧瑞克的確是一位「番茄建築師」[*]；沒有他，我
們在披薩、番茄醬或工業番茄醬裡吃到的加工用番茄恐怕就
不會有它們的一些特質，而這一切都歸功於他從野生品種中
發現的基因。

　　番茄原產地在安地斯山脈沿海地區，亦即南美洲西北部
地區一帶，涵蓋今日哥倫比亞、厄瓜多、祕魯和智利北部。
不過，阿茲特克人食用的番茄或其他野生品種絕對與亨氏或
康寶公司廣告裡的紅色番茄完全不同。

　　番茄可以是綠色的小果實，也有紫色、黃色或橙色；味
苦，有的可食用，有的不可食用；可以生長在超過海拔 3000
公尺的地方，不需要澆水，也不需人工就會生長[*]……繼知
名俄羅斯基因工程師尼古拉‧瓦維洛夫（Nikolai Ivanovich

＊ 阿圖‧阿倫（Arthur Allen），《成熟：追尋完美番茄》（*Ripe: The Search for the Perfect Tomato*），Berkeley, Counterpoint 出版社，2010 年。

＊ 尚－呂克‧達尼若（Jean-Luc Danneyrolles），《番茄》（*La Tomate*），Arles，Actes Sud 出版社，1999 年出版。

Vavilov）[*]率先深入南美進行科學探險，十年後，查爾斯‧瑞克是第二位發現不同品種的科學家，將在原產地的野生番茄品種製成目錄。

加拉巴哥群島（Galapagos，或稱科隆群島）屬於孕育番茄的原產地之一，1835 年查爾斯‧達爾文（Charles Darwin）曾在這裡考察。查爾斯‧瑞克也是在這裡發現了契斯曼尼番茄（*L. cheesmanii*）這個帶有 j–2 基因的野生品種，而這個基因的工業化潛力無窮。

1942 年，二次大戰期間，由於加州可支配的後備農業勞動力突然消失，原本就已經在進行的機械化領域研究，突然變得緊急了起來。加州大學農業工程學系的教授瓊吉尼勒（A. M. Jongeneel）和一位番茄基因工程學專家漢納（G. C. Hanna）認識。他告訴這位基因工程師番茄採收機械化遭遇的重大困難：研發完成的第一代機器成功地在田裡運作，有效砍斷植物根部，但接下來總是無可避免變成一場災難。被

＊ 格里‧保羅‧納本（Gary Paul Nabhan），《我們的食品源頭：瓦維洛夫和生物多樣性的發現》（*Aux sources de notre nourriture. Vavilov et la découverte de la biodiversité*），Bruxelles，Editions Nevicata 出版社，2010 年出版。

送進機器裡的番茄像是被踩躪過，變成一灘爛泥，裡面還混著泥土。番茄在機械運作下撞爛了——機器一再糟蹋採收的番茄，因為運作的細膩度大約跟戰車一樣（不佳）。工程師於是向漢納教授求助，問他是否認為有可能用基因工程的方法研發一種適合機器的番茄。對他而言，這似乎要比發明適合番茄的機器還要可行……就這樣，構想開始萌生。

隔年，基因工程師在加州大學戴維斯分校開始他的研究，並於 1949 年發表初步的研究結果。十年後，1959 年，新款的採收機研發出來了，並在農田裡進行測試。在此期間，新的番茄品種陸續被研發出來——發現契斯曼尼品種番茄的 j–2 基因相當關鍵；由於這個基因的發現，採收機械化才得以實現。從新疆到義大利南部，從土耳其到加州，如今全球的加工用番茄裡都有這個基因的存在。

「查爾斯‧瑞克在加拉巴哥群島發現了這個品種，」羅傑‧切特拉特（Roger Chetelat）說，他是現任番茄基因資源中心主任。「這是一種橘色番茄，查爾斯‧瑞克在採收時發現這種番茄特別容易脫離枝枒。然而，番茄籽帶回加州後，始終無法成功再播種（reseeding）種出來；他嘗試種植，但徒勞無功。番茄就是長不出來。他試著改變其他條件變數，但每次都失敗。有一天，他突然想到，加巴拉哥群島的這些

番茄種子可能必須先經過動物消化之後再重新播種。於是，他找了鳥禽做試驗，不過也沒有用。最後，他想到可以用烏龜實驗，讓牠們吃下種子。問題是，在加州不容易找到加巴拉哥群島的巨龜（giant tortoise）……但瑞克想起他在柏克萊大學有一位科學家友人，曾經帶回兩隻加巴拉哥象龜（Galapagos giant tortoise）。於是他請這位朋友餵番茄種子給象龜吃。後來，瑞克收到郵局寄來的大包裹，裡面裝著象龜糞便……聽起來很瘋狂，但這竟然就是解決之道。瑞克發現象龜吃下這些種子後，再等待長達兩週的消化期，種子開始有發芽的跡象。這麼一來，終於成功重新種植，j–2 基因也因而得以在番茄工業掀起了一場革命。」

第 7 節

　　加州大學戴維斯分校用公家補助研發出第一代番茄採收機。1960 年 9 月 1 日，2000 多人參與了「布拉克韋德」（Blackwelder）採收機的公開展示會，其中包括茄農、加工廠商和銀行家。隔年，即 1961 年，第一批消費用的加工用番茄由機器採收──當時售出 25 輛採收機，於是，加州開

始有 0.5% 的採收是藉由機器完成。漢納教授也介紹了新品種的 VF–145 番茄,特別適用於機器採收。

1963 年短工計畫結束時,資本突然轉向挹注研究,加速了研究進度。1965 年,20% 的採收已經機械化[*]。1966 年,番茄採收機械化達到不可思議的地步:加州有 70% 的番茄採收機械化。1967 年,機械採收已經擴及 80% 的耕種面積;隔年來到 92%;接者是 98%。1970 年,加州的加工用番茄採收已經全面機械化。短短七年不到的時間,番茄生產商已經成功轉型,不再需要聘僱成千上萬名廉價農工。

農工並未因此完全消失——每臺機器仍需要十幾位操作的員工,他們通常是墨西哥籍,被僱來駕駛採收機和揀選番茄。但是,農業勞動人口的確被連根拔起,從此一蹶不振。這項科技的進步讓資方毋須向勞工讓步。

* 亞蘭・德・楊弗利(Alain de Janvry)、菲利浦・萊文(Phillip LeVeen)、大衛・朗斯頓(David Runsten),《科技改變下的政治經濟學:加州番茄的機械採收》(The political economy of technological change : mechanization of tomato harvesting in California),柏克萊,加州大學出版社,1981 年出版。

Chapitre 12

消費者看不見的「原產國」

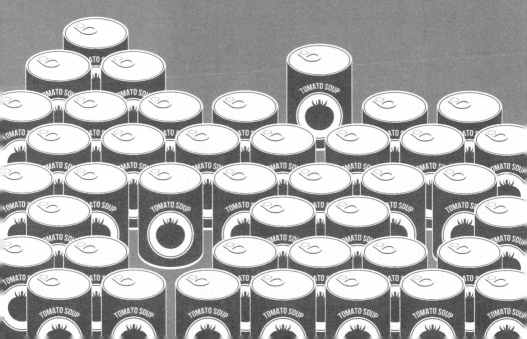

第 1 節
義大利坎帕尼亞，上諾切拉

牆面攤展著一幅地圖，地圖上布滿曲線，連接著世界各地的港口。較大的點代表船隻的煤礦補給站、油料補給站以及商事通訊站。黑旗子標示的是英國領事館，白色的則是美國領事館。一個世紀的時間，紙張已陳舊，卻多了些如今地圖上已經消失的舊資訊：海洋和陸地全都是褪淡的棕色、奶油黃和薄荷綠色調；大英國協（Commonwealth）仍舊包含荷蘭殖民地；西班牙和比利時的殖民地全都併入法國殖民帝國。這幅褪色地圖掛在安東尼奧・柏迪的辦公室入口，圖上的主要商業路線，就是其祖先販售的番茄罐頭從 1920 年以來取道的路線。

　　我和這位歐洲最大的番茄糊採購商握了手，走進他的辦公室，看到聖母瑪利亞，還有普利亞知名的畢奧神父（Padre Pio）的雕像，另外也看見柏迪集團番茄罐頭獲得的許多獎盃。辦公室裡還有許多相片，有一些是 2001 年在中國拍的，柏迪身邊站著的正是劉將軍……家具上有幾個罐頭。其中一個罐頭引起了我的注意——吉諾……又是吉諾！非洲最大的番茄罐頭品牌。

　　「我們公司的歷史特色就是出口導向。」安東尼奧·柏迪以道地的那不勒斯口音娓娓道來*。

　　「柏迪公司最早從事出口是在 20 世紀初，主要外銷到美國和英國。之後，柏迪公司也往其他國家發展。我接手生意時，把外銷拓展到非洲市場。今天我們公司占義大利番茄糊進口量的 60%，而出口量占全球番茄糊產量的 4%。亨氏是番茄糊的最大買家。我們則是全球第二大買家，每年採購 15 萬公噸，再外銷到 170 個國家。」

　　雖然安東尼奧·盧索創立的集團已經轉手——畢竟「番

＊ 2016 年 8 月 2 日訪談安東尼奧·柏迪。

茄大王」已經去世了——柏迪公司卻依然在番茄糊的世界裡
扮演重要角色。「在海珊（Saddam Hussein）當政時期的伊
拉克，我認識政權的第二號重要人物，首相塔里克‧阿齊茲
（Tariq Aziz）。我還認識首相的姊姊，她掌管國家企業有限
公司（State Enterprise Corporation，SEC）。這家國營企業專
門採購民生必需品。在利比亞也一樣，我和格達費家族裡的
人做生意。突尼西亞也是如此。要和這些政府簽約困難重重，
但是一旦交易成功，出口的番茄糊數量是相當可觀的。舉個
例子來說，利比亞的番茄糊消費量超過德國，然而德國約有
8000 萬人口，利比亞卻只有 600 萬。」

第 **2** 節

　　在非洲大部分的市場，隨處可見用義大利三色旗裝飾瓶
身的番茄糊罐頭。瓶身上小巧可愛的番茄吉祥物拿起太陽眼
鏡，對著消費者微笑，它的名字是典型的義大利名字：吉諾。

　　吉諾品牌專為零售而設計，採罐頭包裝，容量從 70 公
克到 2.2 公斤不等，短短十年間已經成為非洲銷售第一的番
茄糊。從馬利（Mali）到加彭（Gabon），從利比亞到南非，

品牌網站上呈現超過 20 多個標示銷售市場的紅點，布滿非
洲大陸地圖。這些市場不僅止於在非洲——吉諾的招牌微笑
一直擴展到海地（Haiti）、日本、南韓、約旦和紐西蘭等，
其他許多國家也是。如今，吉諾的番茄糊在全球有好幾億個
消費者。然而，雖然包裝刻意把吉諾番茄塑造成像一顆義大
利番茄，它的罐頭和網站上卻都未明確指出產地來源。網站
上的介紹好像在玩猜謎遊戲：「吉諾牌雙倍濃縮番茄糊的獨
家配方，採用來自世界各地最好的原料，在世界上最大的加
工廠之一製造、使用最好的技術，同時保有傳統番茄糊的品
質。吉諾改善每一道菜的味道，讓每一餐都像節慶盛宴。」
節慶盛宴又怎能沒有驚喜呢？這個牌子的番茄糊「獨家配方
混合的最好原料」，的確是來自世界各地——也就是中國的
新疆和內蒙古（Inner Mongolia）。

　　吉諾番茄糊的第二個驚人內幕，就是品牌所有者，同時
也是銷售吉諾產品的企業之國籍。雖然在行銷策略上刻意標
榜義大利身分，然而這個番茄糊販售業界的巨擘實際上是印
度商：瓦特瑪（Watanmal）。該集團的總部位於香港與印度
清奈市（Chennai）的塔拉瑪尼區（Tharamani），對於它擁
有全球 5 億 3000 萬個消費者相當引以為豪。

　　瓦特瑪集團在食品通路業的年營業額達 6 億 5000 萬美

元，吉諾品牌可說居功厥偉。公司同時也開發了第二個番茄糊品牌，是吉諾的「競爭對手」：波莫（Pomo）。波莫牌的番茄糊跟吉諾牌的一樣，都是在同一家工廠製造，也採用和吉諾一樣的中國製番茄糊當作原料。

　　瓦特瑪在推銷番茄方面可說是不遺餘力。除了策畫許多廣告專案，更播放無數的廣播和電視廣告、買報刊雜誌的夾頁，還買下非洲村莊裡許多的廣告牆；瓦特瑪在一些非洲國家買下無數大型廣告看板，特別是迦納或奈及利亞的主要市場周邊，幾乎不可能視而不見。的確，住在迦納，日常生活中幾乎無法不看到這些宣傳番茄罐頭大品牌的巨大看板。我才抵達阿克拉（Accra）*，距離機場出口才將近十公尺的地方，眼前立刻就出現一幅宣傳吉諾品牌的大型看板——這還只是第一幅廣告而已。

　　瓦特瑪也透過「吉諾讚頌人生基金會」（Gino Celebrate Life Fund）這個慈善機構來發布消息。在奈及利亞，吉諾進駐耕耘十年後，已經成功掌控該國市場，與當地番茄生產商也產生激烈競爭，該機構一心一意致力於「改善生活」，為白內障患者提供手術資金。「多虧了吉諾，讓我現在可以好好照顧家人」，一位手術受益人在推廣影片中叫喊著；接著還有第二位：「感恩吉諾！」影片上方的角落不忘置入品牌

吉祥物和義大利綠白紅的三色商標。

　　如今，瓦特瑪集團和其他在撒哈拉沙漠以南國家從事
農產品炒作的企業，瓜分中國進口番茄糊的非洲市場。
Chi 有限公司（Chi Ltd）[*]的佩沛泰拉（Peppe Terra）品
牌屬於專營大宗物資買賣和食品買賣的熱帶通用投資集團
（Tropical General Investment），公司總部位於愛爾蘭都
柏林（Dublin）。番茄糊的品牌泰瑪（Taima）、活力番茄
（Tomavita）和番茄趣（Tomato Fun）則是由諾克通公司
（Noclink Ventures）經營，諾克通出口奈及利亞礦產，並從
中國進口手機和番茄糊、電動自行車、汽車零組件或手提袋。
另外還有美味湯姆（Tasty Tom），這個品牌在好許多非洲國
家都看得到，隸屬於新加坡的奧蘭國際集團（Olam），它是
吉諾最主要的競爭對手。奧蘭國際年營收達 110 億美元，是
大宗物資買賣和食品貿易仲介的全球巨頭之一，在非洲市場
很活躍——棕櫚油、木材，麵粉工業都有它的蹤跡。還有濃

＊ 阿克拉是迦納首都。迦納有 70% 的工業集中在阿喀拉市周圍，包括食品加工
業。

＊ Chi 是奈及利亞第一大果汁公司，也是非洲的飲料業龍頭。可口可樂公司於
2016 年購入 Chi 的 40% 股份，於 2019 年 1 月完成收購。

縮番茄、義大利麵、美乃滋、餅乾、米、奶粉、食用油⋯⋯等。
奧蘭國際擁有超過 5 萬 6000 名員工，來自 70 多個不同國家，
在非洲是眾所皆知的跨國農產食品公司。它從非洲人的食品
供應中獲取巨額利潤。它所生產的美味湯姆番茄糊也使用廉
價的中國製番茄糊做原料。

第 **3** 節

「吉諾品牌的構想來自瓦特瑪集團，」安東尼奧・柏迪
向我解釋。「他們請了一位加州的廣告設計師，從 1960 年
代的義大利罐頭汲取靈感，創造了這個用義大利綠白紅三色
畫成的小番茄吉祥物。瓦特瑪跟我聯繫，請我為這個品牌生
產，於是我們合作了將近十年。我還記得第一批吉諾番茄糊
出口：總共是三個貨櫃。日子一久，吉諾成為我們最大的客
戶，有時甚至一年出口數量多達 3500 個貨櫃。」

1990 年代末期，整個非洲市場只有幾家那不勒斯的公司
在經營進口番茄糊的生意。同一時期，中國正在籌設加工廠，
而那不勒斯則進口愈來愈多的桶裝紅金，將原物料進行再加
工，包裝成罐頭，再重新外銷到全世界，特別是非洲。吉諾，

這個名稱聽起來就像義大利來的，公司索性就在義大利包裝商品——柏迪和瓦特瑪也因此得以將大量的中國番茄糊銷售到非洲。1997 年非洲進口的 11 萬 4549 公噸番茄糊中，有 9 萬公噸來自那不勒斯；同年，從中國直接出口到非洲的只有 1400 公噸。五年後，到了 2002 年，那不勒斯商人總共外銷了 22 萬 2750 公噸到非洲——其中大部分是經過再加工的中國產品。有好幾年的時間，中基和中糧屯河都供貨給那不勒斯的合作廠商。但是，慢慢地，有人胃口愈來愈大⋯⋯。

第一個胃口變大的就是劉將軍。「當時，我很快發覺，中國番茄糊都是先運到義大利，再運往非洲，而這樣根本是多此一舉，」劉將軍向我解釋。「於是，有一天我便想到，我們中基公司可以直接在天津的罐頭廠把我們的番茄糊裝成罐頭，再直接外銷到非洲⋯⋯」。

對那不勒斯的公司而言，風向變了：2004 年，劉將軍在天津建造了一座巨型罐頭工廠——天津中辰番茄製品有限公司（Chalton Tomato Products），每年能包裝 10 萬公噸的番茄糊。

「就是在這個時期，劉將軍到諾切拉來找我，」安東尼奧·柏迪回憶道。「那時他沒對我提起，但是他已經決定自己為吉諾品牌生產。他只是來套問情報。拜訪之後，他去找

瓦特瑪這家吉諾的通路商，並報給他們一個更好的價格。我必須承認，未能確保為吉諾生產番茄糊的合約是我職業生涯中最大的錯誤。劉將軍一開始是個重要的合作夥伴，但是，一夕之間，他變成了我最大的競爭對手。」

就這樣，2000 年代末，在劉將軍的指揮下，中辰公司成為天津最大的罐頭工廠。這讓中基公司擁有了新的武器，使得這家中國大廠可以直接將番茄糊銷到非洲。同時，這座工廠的工人和機器當然不只為吉諾這個品牌生產罐頭，它也為許多販售到全球各地的品牌包裝番茄糊。比方說，摩洛哥的金馬牌（Cheval d'or）和可口牌（Délicia）都向它下訂單。這兩個品牌所屬的公司彼此競爭，各自擁有不同的資金，並且互相爭奪國內的市場。不過，擁有這兩個品牌的公司都向同一家供應商下單：中基實業。

「1950 年到 2000 年，非洲市場幾乎是義大利人的天下。當時那裡只有我們，」安東尼奧·柏迪補充道。「後來，中國人開始出現在全球市場上。這下你明白了，他們一開始只生產半成品，我們把這些半成品進口到義大利後進行加工，然後再出口（re-export）*。但是當中國人意識到我們在中間轉了一手，當他們知道我們買了中國半成品回來加工，再出口到非洲，他們想到了一個辦法，就是直接運作自己來，避免掉多餘的兩段運輸。他們善用競爭優勢，特別是比我們低

廉的勞動成本以及能源成本。接著,中國人就跑來非洲市場
向我們挑戰。」

結果呢？2013 年非洲價值 7 億 4800 萬美元的進口番茄
糊中,從那不勒斯罐頭工廠出口的總共只占了四分之一,即
14 萬 1669 公噸,主要都是再出口的番茄糊……而從中國出
口的則占四分之三,即 44 萬 7540 公噸;如今,中國在非洲
番茄糊市場的市占率超過 70%。

第 4 節

我在諾切拉的柏迪工廠實驗室,認識了一位實驗室
助理。我的導覽員是工廠的技術長,他請這位助理向我示
範番茄糊的布里糖度（brix）* 測試。接著又做了比色法
（colorimetry）*。「歐洲各國家的文化習俗都不相同,」他說。
其實,他指的是安東尼奧・柏迪的客戶,也就是那些通路大

* 或譯轉口、中轉,係指進出口貨物的買賣不在生產國與消費國間直接進行,而
　是透過第三國進行。

* 布里糖度是測量糖度的單位,指在 20℃情況下,每 100 克水溶液中溶解的蔗
　糖克數。

* 比色法是透過比較或測量有色物質溶液深度,以確認待測組分含量的一種方式。

品牌的採購人員，各有不同的習慣。「有些國家想要顏色很深的番茄糊，有些則喜歡色澤明亮的鮮紅番茄糊。法國則是介於兩者之間。也因此我們會混合不同的番茄糊，滿足顧客的要求。」

這個解釋簡直太好用了：根據工廠技術長的說法，混合番茄糊只是為了滿足歐洲消費者對「顏色的喜好」。實際上，將品質不同的番茄糊加以混合，是藉由和品質較佳的番茄糊混合，把品質差的番茄糊出清。因此，在歐洲超市裡，最低價的罐裝番茄糊可能含有不同產地的番茄糊，中國番茄糊可能和西班牙或加州的番茄糊摻混。這麼做可以提供那些量販通路大品牌較低廉的價格。

我在實驗室的櫥櫃裡看到一些文件夾。「這些文件夾中記載了我們在工廠加工的原物料履歷，同時也是我們建立產品追溯紀錄的依據，」他向我說明，並隨手抽出一個近期的文件夾。翻過一頁又一頁，各種番茄糊產地劃過眼前。技術長刻意停留在一頁，上面記錄著所有的番茄糊來自加州。我隨意流覽個幾頁，「中國，新疆」的字樣頻頻出現，寫滿在一些頁面上。

要拿到加州番茄糊的追溯紀錄並不困難，因為農地廣闊，而生產者並不多，工作的組織方式也完全資訊化，只需

要寫一封電子郵件給加州的生產商，信中指明貨物批號，幾小時後生產商便可提供需要的資訊。相反地，要追溯中國番茄糊的履歷又是另外一回事……新疆有幾千塊小農地，小型茄農有時在幾畝大的耕地上耕種，分散在整個新疆地區——他們對農作物噴灑大量農藥，這些農藥也使用在附近種植的向日葵和棉花作物；這個產業裡所有的廠商都知道，中國的番茄糊追溯紀錄要建立起來，根本是難上加難。

離開柏迪工廠的實驗室，我們來到生產線最開始之處，工人正安裝進口的桶裝番茄糊：機器吸取番茄糊之後灌入原料供應管線。接著，三倍濃縮番茄糊在水槽中稀釋，變成「雙倍濃縮番茄糊」。這裡和托斯卡尼的柏迪工廠相反，完全沒有使用義大利番茄來加工處理。諾切拉的加工廠只加工國外產地的番茄糊，這些番茄糊的來源往往取決於全球市場價格和匯率的變動。

在工廠的倉庫內，我注意到番茄糊的罐頭包裝上印有歐洲所有最大通路商的名稱。在這裡，罐頭說著全球的語言，只以外表的包裝作區分。至於罐頭的內容物其實都是一樣的，全然根據全球化市場的運作法則，自我調節無須管控。這些即將銷售罐頭的大通路品牌之間標榜「同行競爭」，然而事實上，他們供應到貨架上的東西都是相同的商品，都是

這家巨型工廠所製造出來的。

　　這個因應歐洲市場需求、囤積貨物的倉庫場景揭露了資本主義不能說的弔詭之一：今天歐洲的消費者，在物品自由流通、「自由與公平」的競爭空間裡，面對番茄糊這類產品，其實已經沒有什麼選擇，能選的只有行銷部門精心製作的包裝圖案而已，這些產品也很少標示產品溯源紀錄。所以啊，消費者所謂選擇的「自由」到底何在？

　　這些出自全球番茄產業鏈的罐頭可說是資本主義的象徵。在加工用番茄產業裡，逐漸形成了一些壟斷。近20年來，以資本利益為導向的生產體系，不斷地追求大量製造的目標。柏迪之類的企業，儼然成為產業巨擘，影響力不可小覷。藉由併購發展規模經濟之後，如今那些大廠生產一種商品然後予以多重的包裝。然而最後送到世界各地消費者手中的罐頭裡面裝的內容物番茄糊都一樣。不一樣的包裝產生多重選擇的錯覺。這就是資本主義——表面上標榜多樣化、競爭力、自由，但事實上只為一些個別利益服務。這種商品來歷不明的情況還需要忍受多久？既然產業界代表的是一種權力，難道不該受到民主力量的監督平衡嗎？

Chapitre 13

金土地的白色粉末

第 1 節

中國，天津

灰白色的天空下，一條六線道馬路通往罐頭工廠。最左邊的內線道是各式新車的專利，轎車、雙門小轎車、四輪驅動的越野車等。第二條柏油路線道是載貨卡車專用道，這些卡車不斷進進出出工廠，或者港口的轉運站。第三條也是最後一條線道是最慢的線道，用來讓所有被邊緣化的輸家通行：三輪運載車或克難修繕的自行車、奇蹟般還能上路的汽車、沒有戴安全帽的工人騎乘的摩托車。不論是有錢還是沒錢，走第一線道還是最後一線道，所有人來來回回，都沿著一長排相同的建築物行走，有些建築物由於沒有完工，裸露出生鏽的鋼骨。

別以為看到石頭拱門上方題著偌大的金色字體「天津金土地食品有限公司」就是到了。這裡並不是該公司的主要入口；這座金碧輝煌的大門只是用於一些正式典禮場合的，或是拍照時拿來當背景，在公司的商業文宣上使用。要進公司必須走另外一個入口，沿著一條旁邊停了許多工人微傾機車的路，才能進去到廠區。等到柵欄升起，走到警衛室後方，才進入貨物發送區。

在這裡，工人日以繼夜、汗流浹背地把裝滿紅色小罐頭的紙箱搬運至貨櫃中。高溫炎熱，暑氣逼人。有些司機兼裝卸搬運工打赤膊工作，穿著塑膠拖鞋。當紙箱開始堆得太高、讓他們無法將紙箱往上堆到離地 260 公分的貨櫃頂端時，搬運工人會就地用紙箱當作梯子。接著，當紙箱滿到門邊（六公尺深），工人會疊起棧板，構成一座臨時踏步梯，讓他們可以觸及貨櫃的天花板，繼續往上硬塞紙箱。船主或是港口當局的耳提面命不重要，反正貨櫃就是不要留下任何一點空間。工人就這樣搬貨，穿著短褲，雙腿赤裸，其中兩人還站在七個棧板疊成的臨時梯，而底板隨時都有可能因為動作或重量而傾倒或塌陷──2015 年，中國總共發生 28 萬 1576 件工安意外，其中 6 萬 6182 件造成受害者死亡。

貨櫃一旦全部塞滿，門其實無法正常地關上。這時出現

了一輛拖板車，它的貨叉指向前方，整輛車直接衝向不聽話、門合不起來的貨櫃，準備給它教訓。拖板車兩根像牛角般的貨叉直接頂向叛逆不聽話的貨櫃門上，發出一聲巨響。門應聲關上，接著就是為貨櫃加上已編號的鉛封。起程吧，該是時候往世界各地的港口出發了！

第2節

工人用遙控器操縱著起重機，貨櫃被舉了起來，離開地面，緩緩升起；雖然噸位很大，卻彷彿漂浮在空中，往貨櫃車的拖掛車移動。為了把這個巨大的鐵箱放到正確的位置，四名搬運工，八隻手，就這樣抓住貨櫃下方的四個角，引導方向，直到貨櫃距離拖板只剩幾公分才鬆手。只見貨櫃鬆開落下，重重地壓在貨櫃車的阻尼器和車軸上。

金土地的工廠距天津港碼頭僅數公里。天津港是世界第十大貨運港[*]，吞吐載卸各式各樣的貨物。天津，現在由中央直接治理與監督，這座位於中國兩條河出海口的戰略城市，自古以來就被構思為一條水路的終點站和港口。西元七世紀，天津因為「大運河」的興建和北部與東部地區連結。

近幾十年來，天津的周邊交通路線增多，使商業活動頻繁的海港都會圈不斷擴大。天津有 1500 萬人口，是中國第四大城。2015 年天津發生重大的工業意外，儲放數千公噸化學有毒原料的倉庫爆炸，其中包含 700 噸的氰化鈉（cyanure de sodium），共造成 173 人死亡，其中 99 位是消防人員，將近 800 人輕重傷，這起災難讓全世界發現，天津在工業與商業領域上所占有的關鍵地位。

　　能被允許進入這地方的人不多，然而這家工廠生產數量驚人的番茄糊罐頭。金土地願意開門讓我進去，一方面是想要展現他們的事業有多麼成功，另一方面又有點擔心，害怕他們事業成功的祕密武器被發現。

　　在工人的衣物間內，面向鐵製的儲物櫃，工廠經理馬振永拿給我一雙不織布鞋包、一件白色外套、一輛推車和一個口罩，接著帶我走過許多小小的幽暗房間。我們穿越一道鐵製旋轉門，沿著一條散放著藍光的走道前行。走了 100 多步之後，帶路的人推開一道重重的門。一陣黏稠的熱氣向我們

* 吞吐量達 400 萬個 20 呎標準貨櫃；2015 年標準貨櫃尺寸（長度相當於 20 呎）。

撲了過來，伴隨著突如其來的噪音聲響。

　　黃色的日光燈下，數不清的罐頭像河流般在機器之間運行。一陣陣的蒸氣在機庫中升起，熱氣氤氳。罐頭在這擁擠、冒著煙的烤箱中前行。沿著生產線，工人的手臂一刻不得閒，每次必須捲起、攤開、啟動清洗水管、用撥刮板引導罐頭方向，將一個罐頭重新置入動線，檢視另一個罐頭，修理一組裝置、移動貨物、把紙箱抬起來、運載工具、檢查貨物或將其包裝，他們的手就得彎曲、伸展、張開。有些人頭戴白色安全帽，有些人則戴著包頭巾帽，包住頭髮，蓋住頸部和耳朵。這樣的典型中國工業帽飾在耳部以一片方形紗布縫製，由此可以看出，這裡的工人都沒有戴上耳塞以防止噪音。耳膜就這樣暴露在機具的巨大聲響中，還有鐵罐頭相互碰撞發出持續有如機關槍掃射般的噪音。罐頭在軌道上行進，這些紅色小方磚往前衝，發出尖銳的聲響。第一道生產線上，工人和機器正在生產最小包裝單位的番茄糊：直徑 55 釐米，高 37 釐米，內容量 70 公克的圓柱體。第二道生產線則生產較高大的罐頭，內容量 400 公克。

　　地面上流有一層骯髒噁心的水，所以非常滑。碎果粒和濺出來的番茄糊殘渣都會流到地面的水中，導致生產線的開端這裡簡直像是個屠宰場。

　　距離生產線兩步遠的地方，一名作業員正抽樣檢查罐頭重量；那個磅秤已經年代久遠，感覺不怎麼可靠。包裝重量以空罐頭計算，螢幕上顯示的數字讓我覺得好像在看什麼大樂透開獎。是自動裝填機故障了嗎？還是磅秤壞了？或是兩者皆是？這都沒關係了。這一站的作業員絲毫不受影響地拿取還熱騰騰的罐頭秤了秤，接著又放回生產線上。當對面的輸送帶突然斷掉時，作業員立刻放下磅秤，往同事的方向呼喊招手，接著在溫熱的髒水窪中蹲下身來，評估損壞狀況。輸送帶狼狼地懸在那裡，不過，已經有一位維修人員跑過來，帶著一個更換零件。他在絞鍊上一陣敲敲打打，再轉幾下扳手，幾分鐘過後，鍊帶又可以運行自如。喧囂噪音再度響起。上百個堆在生產線前段的罐頭彷彿迫不及待要湧出，一口氣突然都一起往前衝。罐頭自動摺邊封罐機再次運轉了起來，彷彿一顆特大號的陀螺。小罐頭一個接一個封上，無休止地生產著。

　　生產線的盡頭，一位女性拿起紙箱的紙板用力摺，製作大的包裝箱。要花上好幾秒的時間才能仔細觀察她的動作有多麼精確、多麼細膩，因為那些紙箱就在她的指尖下快速地成形。整個流程看起來非常流暢，完美無瑕……然而，女子的臉上毫無表情。她只專注在這件單一的工作上，眼神空洞，

就像她手中在折的那些紙箱一樣空空蕩蕩。她這一輩子已經摺好幾千個紙箱了？她已經有幾個月或是幾年的時間，就這樣重覆做著同樣的動作，製作相同的紙箱，一週七天都在做，而且完全沒有支薪假？她就像這裡的其他員工，必須掏心掏肺，出賣自己的勞力來賺錢。

　　工廠採用「三八制」。員工上班七天，一星期工作 56 小時，薪資根據馬經理的說法，換算之後大約有 500 歐元。我該相信他嗎？工人拒絕回答我的隨行口譯員有關薪水的問題。有一件事情倒是可以確定：「民工」的時代已經過去了。民工是 2000 年左右從鄉下來的移工，是當時的主要勞動力，月薪不到 200 歐元。雖然時代變了，但是工作的節奏和精神都還是沒變。工廠裡，不論男女都穿著背部印有同一句中文字的白色 T 恤。有些人把袖子挽起來。其中一個男員工的肌肉線條明顯，臉形方正，看起來很像早期毛澤東時代政治宣傳海報裡的人物——非常陽剛，一副堅毅果決的樣子。這樣的比較當然有點時空錯亂，因為眼前這位男性，在奉行國家資本主義的中國，早已效力於番茄這座紅金帝國了。

　　天津金土地是重要的番茄糊再包裝廠，據老闆張春光的說法，它是天津該類型工廠中的第二大；張先生以前是軍人，他持有特種部隊的腰帶，擁有好幾支智慧型手機，還有一輛

嶄新的黑色四輪驅動休旅車，就停在停車場。他的專屬停車格旁，豎立著一塊巨大的岩石，上面刻著標語：為進步奮鬥。

在這座位於中國東部的工廠，番茄糊都是來自新疆。這些罐頭行經整個中國北方，在貨櫃列車中旅行，從西向東走了超過 3200 公里之遠。工廠內，這些番茄糊有一部分會加水稀釋，包裝成適合零售的小罐頭，接著，隨即經由船隻運送到世界各地。

第 3 節

天津金土地食品有限公司一年外銷 5 萬公噸貨品，相當於 2000 個貨櫃。這家約 140 名員工組成的公司把罐頭發送到世界各國，從它倉庫內的品牌種類之繁多便可看出其外銷國家之眾。這些裝著番茄糊的白鐵罐頭會販售到非洲、中東或是歐洲。「最近我們的貨物也賣到德國和瑞典，」老闆張春光強調。

在廠房的另一邊，機器自動把罐頭裝箱處，一名工人不斷地把塑膠蓋滑進這些準備要外銷、容量 400 公克的番茄糊罐頭中間。這些罐頭要運往西非。在這些遙遠的消費者當中，

有些國家的人民實在太貧窮，買不起容量 70 公克的罐頭，只能零售；當地商人會用一張紙，以湯匙為單位，每單位幾歐分的方式販售番茄糊。工人放入的這片塑膠蓋是用來封裝容量 400 公克的番茄糊罐頭，讓它到了非洲市場的攤位上打開後，不會太快壞掉。一點一點賣，一分一分賺，這些在非洲市場以湯匙為販售單位的番茄糊，集結起來卻構成了龐大的營業額數字。今日非洲一部分的市場就是這樣的結構，特別是針對最貧窮的人口。市場的崛起，就這樣一小匙一小匙達成……。

第 **4** 節

「這一間不能進去，」馬先生突然制止我，手指著我正要前往的方向，那是一間有著厚重透光塑膠簾的空間。我佯裝驚訝，接著故作鎮定，但是腎上腺素不斷湧上。為什麼？在工廠裡，剛才沿著生產線一路逛下來，我看見了所有的工作站，有包裝站、填罐站及摺邊封罐站，其間也經過重量和標準管控站，以及最後的包裝站。但就是沒有看見新疆來的桶裝三倍濃縮番茄糊：我沒有看到原物料被大型泵浦吸入、

然後放到加工系統中的步驟。對一個沒有經驗的訪客來說，生產線似乎就是從放在工廠底部的大型復水機開始，那是圓柱管槽，樣子看起來就像有許多窗口的潛水艇，裡面可以看見紅色原料正在做均質（homogenized）處理：這就是所謂的「圓球」，技術上來說從 19 世紀以來幾乎都沒有變過。

　　我的確看見這些「圓球」，不過在它後面豎著一面消音磚牆……。事實上，這裡並非生產線的起始。在牆的後方，也就是剛才那間密室的塑膠簾後方，必然設有一個泵送站，三倍濃縮的桶裝番茄糊就是在這裡被吸入，倒入「圓球」。不過，在這個當下，我敏銳地察覺到有異樣；我感覺倒入的似乎不只是桶裝番茄糊……幾分鐘前，我在囤積原料的倉庫中發現除了藍色桶子之外，還堆了一些白色大袋子。袋子上有英文「鹽」字樣的標籤，卻不是每個袋子都有同樣的標示。其實，我早就聽說過中國人的一些不良習慣。剛剛馬先生不讓我進去那一間廠房，只是加深了我的疑慮。我一定要進去這個房間一探究竟……但是要怎麼進去呢？

　　一小時過後，我的同事澤維爾‧德勒正在幫馬先生拍攝紀錄片的人物專訪，這部紀錄片由我們合作拍攝。我看見馬先生走進走出，沿著大桶子走，按照規畫的簡介旁白配合演出。我一邊觀察他，一邊像隻貓那樣偷偷摸摸地等候最佳時

機，準備逃脫他的監視。

　　就是現在。我快步走出倉庫，經過紙箱堆放區，沿著生產線往回衝，同時還得注意腳下、慎防滑倒⋯⋯兩分鐘後，我終於撥開那道塑膠簾，探頭一看，四處張望。在我左上方，我看見一個工人背對著我，在一堆袋子的後面。那個人在一團白色粉末煙霧瀰漫中工作。他站在一座巨大的桶槽上方。當他轉身拿袋子的時候，我們的眼光交會了。他戴著口罩。我對他揮手大聲說：「你好！」，看看他會有什麼反應。他對我微笑致意；過關了。於是，我爬上了樓梯，走到那個堆滿袋子的小平臺，再次跟工人打招呼，他看到我站在他旁邊似乎覺得很新鮮。我往下探，看見大型的金屬槽。工人的任務是把袋子裡的白色粉末倒進去——他正在為番茄糊添加些什麼添加物，然後番茄糊才會加水稀釋，在牆的另一邊裝罐。罐子上的標籤會寫「成分：番茄、鹽」。

　　這些白色粉末究竟是什麼成分？三種袋子堆在那裡：黃豆纖維、澱粉、葡萄糖。葡萄糖是一種無味的白色粉末，細結晶狀，味甜；因為極度細膩，可以增加材料的混溶性——這是一種非常強的粘結劑，極易溶解於水，可以有效讓番茄糊與其他成分溶解在一起。

　　紅色液體從一條管子的出口，流入了金屬槽。我拿出手

機拍攝這幅景象，如此一來就有證據證明這種製作手法。攪拌槽開始運作，粉末與紅色的水攪在一起，變成泥狀。

我走下階梯，繞著金屬槽走著；這次我看見四名工人，他們身穿厚重的圍裙，臉上戴著口罩，手戴著橡膠手套。他們有別的任務。20 多個令人反胃大型鐵桶在他們後面排成一列，每個容量大約是 25 至 30 公升，桶子裡裝的都是不透明的混合物。工人兩兩搬運鐵桶，接著把裡面的東西倒入一臺機器，機器再把這些原料灌注到番茄糊加工系統中。濃稠的液體是蘿蔔般的橘色。這是色素。

我回到倉庫時，馬先生還在讓澤維爾拍攝，他在桶子之間來回穿梭，宛如名模在伸展臺上走秀。他什麼也沒發現。

第 5 節

一小時後，我在馬先生的辦公室採訪他，詢問他罐頭的品質時，他把品質認證文件及金土地公司獲頒的獎項證書拿給我看：「這就是我們的 ISO 22000 國際認證書，所有從事外銷的企業都必須要有這張證書。這一張是 ISO 9001 證書，要把產品販售到國內市場必須要有這張證書。這些證書是食

品製造公司必須要有的。我們同樣也被認可為天津農產食品加工業的領導企業之一。最後，根據中國海關商品檢驗局，我們公司是信譽優良的企業。這些都是本公司最近十幾年發展中一步一步獲得的榮譽與認可。我們相當引以為榮。」

第 **6** 節

到了晚上，馬先生和他的老闆留我們在工廠裡的一棟建築用餐，建築的正面有金色題字：研發部。這個名稱實在冠冕堂皇、華而不實，這棟建築裡根本沒有什麼實驗室，也沒有研究部門，更何況這工廠裡充其量只是在進行稀釋，並在劣質番茄糊裡頭混入添加物，按照單位分裝成中罐與小罐容量，接下來這些罐頭就會被任意堆疊、裝載到貨櫃裡，展開為期數週的海運之旅。其中有些罐頭可能會在搬運途中遭受巨大的撞擊而損毀；有些則是封蓋的時候讓空氣跑了進去。果真如此，貨櫃中的高溫、海運的時間，以及貨物運送到批發商所在港口耗費的時間，必然導致一些罐頭甚至在還沒抵達目的地之前，就已經膨脹變形或爆裂。

在進行晚餐的大間會客室裡，兩位面無血色、看起來筋

疲力竭的女子正張羅餐桌。她們來回穿梭在餐桌與廚房之間，把菜端出來。張春光先生提議先來喝一杯。他拿出一大桶德國啤酒罐，顯然一定是之前德國客戶送的。老闆邀請我們一同品嚐工廠製造的番茄汁。「沒有國界」，瓶罐上寫著，我倒了一杯番茄汁到玻璃杯中，檢視其顏色和質感。看著我正要喝下的東西，我不禁微笑，因為飲料看起來實在挺嚇人的：果汁呈現茶色，甚至還結成塊狀。經過沉澱之後，表層分離出一層水。我還沒喝下那杯「果汁」，就已經知道那是三倍濃縮番茄糊復水之後製成的東西。通常番茄汁的水分以及果粒含量，應和新鮮番茄直接拿來榨差不多相當，不需再添加任何東西。用三倍濃縮番茄糊來製造番茄汁的做法，簡直是異想天開。而且，如果是品質優良的番茄糊，顏色應該是紅色而不是深色的。我還沒把杯子舉到嘴邊，就已經知道用來製造這杯飲料的番茄糊在新疆工廠製造時「烤焦」了──溫度過高，食品已經失去風味和營養，所以它才會呈現深褐色。除非用來製造「番茄汁」的番茄糊是放了多年過期的番茄泥，這也不是不可能……。

　　我們一起舉杯敬番茄工業。毫無意外地，飲料的味道非常糟糕。「你喜歡我們的番茄汁嗎？」張春光先生問我時，我實在仍難以下嚥。我把飲料含在嘴裡一陣子，最後還是認

命吞下去。「很棒，」我翹起大拇指對他說。「太好了，我很高興你喜歡，」張春光先生說，「因為再過不久，我們就要把這批東西外銷了。」

Chapitre 14

設魚餌，釣出真相

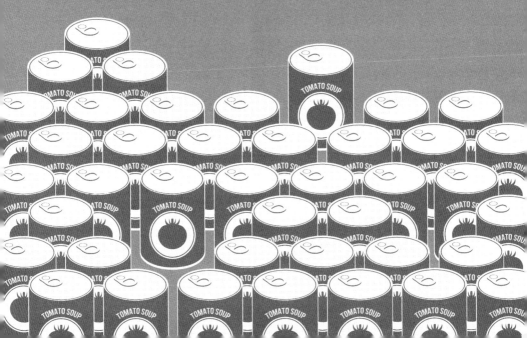

第 **1** 節

法國維勒班特（Villepinte），巴黎國際食品展

「與世界有約」，展場外這麼寫著。「啟發飲食企業」，2016 年 10 月的展場標語上面這樣寫道。要參與這個全球最大規模的農業盛事，也就是「巴黎國際食品展」（Salon international de l'alimentation，SIAL），必須先穿越巴黎市郊的大片都市化區域，來到維勒班特這座大型展覽場，接著在大排長龍的隊伍中等待，聽著西裝筆挺的各國男士，操著全球不同的語言。等到你的許可證終於被收走，你就會成為 15 萬 5000 名訪客之一，這當中有 70% 都是外國人，來自 194 個國家。走入這座巨型蜂巢，裡面共有 7000 個參展單位。

巴黎國際食品展是國際飲食工業的最大盛事，其中 40% 的攤位都是展示半加工食品。這個食品半成品的市場，也就是半完成的食品市場，正強勢成長中。這裡聚集了肉類、麵粉、香料、色素、防腐劑，以及番茄糊。這是個消費者一無所知的地下世界，無數的原料被製造與交易，名稱最後會以超小字體標示於食品包裝上。這些食品半成品占全球飲食工業營業額的 25%，也就是 1 兆美元左右。

這場「與世界有約」每兩年舉辦一次，聚集了全球農產食品業所有食品產業鏈的全部決策者與買家。在參展者當中，所有主要的歐洲罐頭廠商都到齊了，特別是義大利南部的那些廠商。所有番茄糊的最大貿易商都是該商展的常客，該產業裡的所有中國大公司，不論他們是桶裝番茄糊製造業者，或是幫新疆番茄糊進行包裝的罐頭工廠也都會來。

巴黎國際食品展以能夠提供進入非洲食品貿易的管道而知名。因此，這場盛事，對中國番茄工業的廠商們是絕對不能錯過的。對我而言，這是夢寐以求的機會，可以讓我更加瞭解中國罐頭工廠的商業策略。

<h1 style="text-align:center">第 2 節</h1>

在天津的金土地時,我發現該罐頭工廠會在番茄糊裡面摻入一些比番茄便宜的添加物。有幾位專家向我表示他們也知道中國廠商的這種做法。但我還想要調查的是這種詐騙手法的普遍程度。巴黎國際食品展是夢寐以求的機會,讓我可以取得這些資訊——因為中國所有大型罐頭工廠都有在這裡設攤位。「中國企業經常出席巴黎國際食品展,因為這個場合非洲經銷商也從不缺席,」烏拉圭的貿易商胡安・荷西・阿梅札加對我說。「想在非洲從事的農產食品貿易,巴黎國際食品展是一個必須朝聖的地方。」

我的目的很簡單:接近中國罐頭工廠,查出他們在非洲的商業手法。因此,我必須從他們的業務口中獲悉內情。但是要怎麼做才能讓他們卸下心防,對一個記者侃侃而談,將他們的祕密娓娓道來呢[*]?憑什麼要中國罐頭工廠坦承他們

[*] 2012 年 7 月,一篇報導提到專營非洲市場的歐洲番茄糊出口商,抱怨中國的「再包裝工廠」從事不正當競爭,讓摻了雜質又混入植物纖維的「加料」番茄糊流入市面上。資料來源:艾瑪・史拉溫斯基(Emma Slawinski),《食品新聞》,2012 年 7 月 6 日。

包裝的不是番茄糊，而是別的原料呢？這不太可能。因此我決定設局引誘中國罐頭工廠。

　　兩天以來，我在展場裡把準備好的說詞，對番茄產業裡的每個中國人說，一攤接著一攤。我的詭計奏效了，而且很快地演變成像一盤海戰棋。展場平面圖的攤位表先是畫了一些圈圈，後來又加入了叉叉。我有系統地把中國攤位全部掃了一遍，就為了要拿到宣傳手冊和收集樣品。

第 3 節

　　「你們是專門經營番茄糊罐頭的嗎？我們家族三代以來都在加彭有投資；我們在那裡的事業相當活躍，尤其是罐頭進出口這部分。我們想要投資番茄糊這個市場。我來參加巴黎國際食品展，就是想要多瞭解一下這項生意，看看有沒有什麼機會。你們在中國哪裡設廠？有沒有什麼可以給我建議的？」

　　魚餌放出去了，接著就只需要仔細聆聽這些中國罐頭廠商的回答。「我們會根據你的需求提供不同品質的產品，」這是最普遍、也是最制式的回答。這些「品質」在中國廠商

的價格等級通常分成 A、B、C 等，依此類推。然而，事實上，我很快就理解，這不是罐頭裡面的番茄糊品質的等級，而是實際含真正番茄糊的比例多寡。A 品質是比例最高的，但實際比例有多少又依各家中國罐頭廠的做法而有所不同。其他等級的品質，番茄糊的比例則逐漸減少。我交涉的 15 家中國企業當中，也就是這領域裡的所有主要廠商（外銷小罐番茄糊到非洲的工廠），沒有一家在非洲市場賣的是純正無摻雜的產品。假若標籤又沒有標示這些添加物，那就算是嚴重的違法詐欺了。然而，我在巴黎國際食品展所蒐集到的樣品，沒有一家有標明添加物。對於我上門攀談的那些主要中國罐頭廠來說，這樣的做法很普遍。

然而，中國罐頭業務的說明理由並非千篇一律。有些業務對他們公司的做法相當坦率，很有誠意地對一個潛在客戶說明產業內幕（當然是希望我很快成為他們的顧客）；但是也有一些業務不誠實到令人震驚的程度。我很快就理解，他們試圖利用我表現出的天真無知想要拐騙我上當。我並沒有任由他們擺布，而是對他們步步進逼追問下去。於是，我發現了他們所有「良心程度」不一的話術謊言。

品質 D：「我們會把義大利國旗放在罐頭上，讓大家聯想到義大利是番茄王國。」

品質 C：「我們的品質是市場上最好的之一，要不要嚐嚐看？」

品質 B：「你看看（一邊打開罐頭）。看到了沒？番茄糊的顏色非常漂亮吧？（其實色澤暗沉）非洲人都喜歡這種的。」

品質 A：「添加澱粉或黃豆並不違法，不，這不會標示在標籤上面。沒關係的，大家都這麼做。」

在所有的中國罐頭業務代表當中，我認識了一位「美食家」：「有些人喜歡我們添加澱粉，也有人喜歡加入黃豆或是胡蘿蔔粉。我們會迎合非洲消費者的喜好。」我也遇見一位謹慎型的供應商：「剛開始合作生意的時候，我們只提供 A 品質的貨，即便只是為了先看看這樣是否行得通。如果你只買幾個貨櫃，我們就無法給你折扣。不過，如果慢慢地彼此有了信任，或者你訂了比較大的量，我們就會找到方法降價，比方說添加澱粉……。」

也有那種務實型的業務：「不，不，真的，要銷售到加彭的話，我拿 A 品質的樣品給你看也沒有用。你拿這個。（用力把罐頭放在櫃檯上）這個是最便宜的貨。加彭需要的就是這種的。」我再三要求，說我還是想要一個 A 品質的樣品。「不、不，加彭不賣其它的，」他斬釘截鐵說道。

第 **4** 節

　　A 品質或許是他們最好的番茄糊，但沒有任何一家中國供應商敢說 A 品質就是純的番茄糊。「廣州港口的檢驗比天津或上海還要嚴格，」一位自稱該產業乖乖牌的業務跟我說：他的罐頭只含 5% 的澱粉。這是真的還是假的？這是商業話術嗎？公司簡章上用中文、英文、阿拉伯文，還有一些粗淺的法文，說明公司每年製造超過 30 億個罐頭。冊子上面很自豪地寫著「番茄糊的番茄都來自『沒有汙染的農園』」。該罐頭公司也聲稱，他們是中國南方唯一一家從上游到下游完全掌控產品生產的公司，從產地到最後出貨都是。」或許你可以說我是在疑神疑鬼，不過這段文字讓我想起另一段話，而且更加詩情畫意，那是一家位於河北、離天津不遠的公司簡介：「我們選用新疆的番茄，因為新疆是好地方，土地肥沃。」簡章上這麼寫著。「這裡的土壤沒有受到汙染，水都是來自融化的雪水，夕陽也很美。」雖然這家公司的番茄罐頭標示公然說謊，宣稱原料只有番茄和鹽，但業務倒是非常坦率：「我們的罐頭不貴，因為它們只含 45% 的番茄糊，這是非洲市場的平均值。」

第 5 節

　　45% 的番茄糊、摻雜 55% 的添加物……後來，我撰寫迦納的報導時發現，一家中國廠商的罐頭只用了 31% 的番茄糊，其它 69% 是添加物。數百萬個中國罐頭上的標籤都說明成分只含番茄和少許的鹽；實情卻是，內容物根本未達標籤所宣稱成分的一半。

　　每次我手裡拿著樣品，離開巴黎國際食品展的其中一個攤位，總是不由自主地盯著這些產品；碰觸到這些鐵製冰冷的罐頭，讓我感覺到震驚與不適：山寨罐頭已經徹底取代了原本的商品。

　　如此大規模的亂象是如何在短短幾年內成為整個非洲大陸，或至少在撒哈拉以南非洲的常態呢？

　　中國企業喜歡在簡章上放地圖，志得意滿地用紅點標出為數眾多的外銷國家。非洲大陸呈現滿江紅。

　　隨著我在中國的調查，到現在冒充番茄糊進口商，混入巴黎國際食品展，接近中國罐頭商，我發現這類醜聞內幕從來沒有被調查過。這場騙局時至今日關係到非洲好幾億個消費者。根據眾多全球番茄產業鏈的專家，中國當局對這些違法情事其實是知情的，但是他們刻意睜一隻眼閉一隻眼，以

免破壞了其罐頭產業的「競爭力」。這種如今相當普遍的做法也讓人聯想起 19 世紀世界各地罐頭工廠的做法；那個時候，食品衛生法令還不存在，食用罐頭而中毒的事件時有耳聞。中國罐頭產業的業務宣稱他們使用的添加物不具毒性。然而，近幾年在奈及利亞，國家反仿冒局已經檢驗出某些在非洲販售的番茄糊罐頭具有毒性。

第 6 節

　　對於阿梅札加這位烏拉圭貿易商和全球番茄產業專家而言，「這些把數百萬個加了黃豆、胡蘿蔔、澱粉、葡萄糖、色素和其他不明原料的罐頭銷往非洲的經銷商，並非這場詐欺的受害者，事實上他們都是主謀。他們向中國罐頭工廠下訂單，接著依據品質去談價錢。」客戶的招標細則其實往往都一樣——經銷商找的是最便宜的商品。

　　因此，中國罐頭工廠都會在番茄糊裡放入添加物，而添加的比例都是經銷商自己訂的，他們本身就是決策者。透過這個方法才能按比例壓低價格。如果經銷商有意願，中國的罐頭公司也可以把添加物的樣品和最後的產品寄給他們，讓

他們自己測試，就像化學家……或者像毒販那般進行測試。有差別嗎？當交易談成了，經銷商會把要貼在罐頭上面的圖案打樣用電子郵件寄出。天津的生產鏈是完整配套的——罐頭公司向分包商訂購印刷好的白鐵罐頭產品、塑膠蓋、包裝用的紙箱。標籤上的說明可能天馬行空、謊話連篇，可以是法文、英文、義大利文或阿拉伯文；可能會標出中國產地或者不標出；標籤也可以是紅色的或是用義大利的紅白綠顏色，以便冒充是義大利製；上面或許錯字連篇，也可能標示「清真認證」、「純天然」、「新鮮」或是「綠色環保」；標籤或許仿冒知名品牌，有非洲女子或是果肉飽滿的漂亮番茄圖樣。這些都不重要。中國罐頭廠只在意印刷的標籤是否符合客戶要求的樣式，以及罐頭裡面是否裝滿和雙倍濃縮番茄糊差不多的東西。

第 7 節

艾米利亞－羅馬涅，帕爾瑪

「最早在天津開設罐頭廠外銷非洲的就是劉一，還有他的中基實業、中辰番茄製品。不久之後，中糧屯河也開始跟

進，設立了罐頭廠，」阿曼多‧岡多爾菲在訪談中提到，他是番茄糊貿易的世界龍頭。

「這兩家競爭激烈的對手接著建置出完全超乎市場需求的瘋狂產能，開始展開削價競爭。就在此時，其他中國的小型罐頭公司也來了。為了在市場上生存，這些小型的罐頭公司開始在銷售到非洲的番茄糊裡面添加東西，像是黃豆、澱粉、糖、色素等……如今，非洲的罐頭裡面很少有超過 50% 的真正番茄糊。」

「產能過剩、遠遠超乎市場實際需求，這場戰爭的癥結點只在於價格，其他的面向，例如產品形象或是品質，都沒有被考量進去。這些生產非洲市場所需小罐頭的工廠，在市場上的競爭都只繞著價格打轉，這是典型的中國模式。於是他們就這樣自我毀滅了。從中糧屯河到中基實業，每一家最後都走向破產的命運，因為整個系統崩塌了。中國境內還有很多類似的工廠，不過在我看來，他們遲早都要破產的。這是數學問題：當你把生產製造完全建立在壓低成本上時，你已經沒有在創新了；如果只在乎低價的邏輯，完全不遵守任何規則，毫無疑問地，你最後就會走向死胡同。假設你只放了 50% 的番茄糊，有一天一定會有另外一家只放 48%，接著另一家只放 46%，依此類推。這樣一來，你已經沒有在創

新了。你只是在把市場搞爛讓它無法恢復而已。而且，你還為消費者製造了健康問題。非洲現在的情況就是如此，罐頭裡面充滿了添加物。中國在政治上有其優先考量。這些考量就是擴張，以及創造就業機會的可能。這就是中國政府的優先考量。與此同時，中國當局對其他的問題都視若無睹。比方說，在製造番茄糊的罐頭工廠這一領域，北京就放任大家，愛怎麼做就怎麼做。不只番茄如此，許多的產品都是一模一樣的情況[*]。」

Chapitre 15

番茄像樂透

第 1 節

迦納布朗－阿哈福地區（Brong-Ahafo Region），泰奇曼區（Techiman District）圖奧博多姆（Tuobodom）

他們抓住伸出來拉他們的手。最後上來的日工總算搭上了拖板車，站著握牢一根金屬桿，或是抓著另一位乘客。由於載量過重，三輪運貨車一啟動便發出馬一般的嘶鳴而且前輪離地。所有乘客立即在車上向前撲，以保持車身平衡。有人踩到我的腳，我的一隻手放在某人頭上，有個人的手肘撞到我的肋骨。這些都不要緊。我們用超載的重量，變換重心穩住車身。可憐的機器被馴服了，在一陣引擎聲中，

它奇蹟似地往前行，三顆輪胎這次沒有離地。

在這裡，大家把這種車稱為「摩托車王」。這輛中國製的機車以這個品牌名稱銷售到西非，是很受迦納農民歡迎的農用車。這輛車可說是鄉野間的好跑手，擁有 125cc 的引擎，搭配一個運貨拖板車。就像非洲各地一樣，這種三輪運貨車的大量進口促進了非洲大陸的摩托化演進。

沿途，隨著顛簸的節奏，非洲草原上的灌木在車側像兩面牆，道路也漸漸變成像在綠色山丘中挖出的一條地道。大家都低下頭，避開樹枝。道路轉為陡坡時，三輪車顯得有些吃力；遇到下坡路段時，三輪車又因為負載過重，速度整個呈現失控狀態，只能乞求車身僅有的護身符保平安：那是幾張彰顯耶穌基督以及格達費（Mouammar Kadhafi）* 榮耀的大型貼紙。

在炎熱溽濕的氣候下，好幾個男人彎著腰在田裡採收番茄，接著把番茄倒入手工製木箱。沒過多久，裝滿番茄的木箱被搬上三輪運貨車，放在本來載工人的地方。

 * 穆安瑪爾・格達費曾經統治利比亞長達 42 年，前美國總統雷根批評他是「政治狂人」。

番茄真是奇妙。西班牙殖民美洲之前，阿茲別克人開始種植番茄；16 世紀時，番茄尚未存在人類的飲食之中，18 世紀也仍只是被邊緣化的食材之一，19 世紀隨著蒸汽機的發明和鐵路的發展，番茄終於真正遍及歐洲各國首都。接著歐洲在殖民時期，將番茄帶入非洲，恰巧和罐頭工業崛起同時期，番茄的全球歷險如今在這裡展開——走過一段四處環繞繁茂野生植物的狹窄小徑，來到這片迦納北部，距離首都阿克拉八小時路程的田野。

番茄園面積兩公頃，位置靠近泰奇曼的一處農業地區，種植番茄是這裡一大特色。迦納約有 9 萬個種植番茄的小茄農，每年能夠生產 50 萬公噸以上的番茄，其中卻有大約 30% 因為生產過剩而損壞，尤其是雨季的時候。2014 年，新鮮番茄產量的官方數字是 36 萬 6772 公噸。

除了農民的農業活動之外，其餘有將近 30 萬人從事相關商業和物流活動，大多數是女性，她們經營買賣，組織貨物運送，在市場擺攤。從栽種到成為桌上佳餚，一顆番茄大約需要 25 個迦納人參與工作。* 這個非洲人口排名第 12 的國家共有 2800 萬人。番茄是大部分平民飲食料理的食材，占總人均蔬菜消費額的 38%。

迦納在 1957 年 3 月 6 日獨立後，起初成為泛非主義

（pan-Africanism）[＊]的典範，第一任總統夸梅·恩克魯瑪
（Kwame Nkrumah）曾經致力整頓經濟，並投資教育、
醫療以及基礎建設⋯⋯。他在任內提出「反帝國主義」
（Anti-imperialist）的工業化政策，目標是減少進口。1960
年代初，為了停止浪費生產過剩的番茄，迦納建置了兩家
番茄加工廠。

　　1966 年 2 月 24 日，隸屬社會黨的夸梅·恩克魯瑪被
美國中央情報局（CIA）支持的軍事政變推翻，開啟了長
期動盪不安的局面。直到 1979 年，傑瑞·羅林斯（Jerry
Rawlings）靠著另一次政變奪權，才結束了這段動盪的時期。
傑瑞·羅林斯在國際金融組織的支持下，帶領迦納成為非洲
國家施行新自由主義的典範。迦納的兩家番茄加工廠在政治
動亂時期一度重啟，在 1980 年代末期再次關閉，為的是配
合國際貨幣基金（IMF）要求的結構性改革。之後，兩家工
廠又重新開張⋯⋯不久後又關閉。如今，它們已成為成堆鏽

＊ 穆罕默德·以撒（Mohammed Issah），〈茄農與家禽農的食物權〉（Right to
food of tomato and poultry farmers），Send 基金會與歐盟，2007 年 11 月。
＊ 非洲的民族主義思潮，訴求非洲各國在政治上的聯合。

蝕的廢鐵。位於普瓦魯古（Pwalugu）的工廠，早已淹沒於蔓生的雜草叢中，外牆的油漆斑駁脫落，招牌也遭鐵銹覆蓋，上面卻仍寫著「北方之星番茄工廠」（Northern Star Tomato Factory）。周圍的居民都還記得這座工廠曾經提供的工作機會；對他們來說，它曾是財富的象徵。

迦納經常被財經媒體形容為「西非第二大經濟體」，而且長期被視為國際貨幣基金最「受眷顧的小孩」，或者說是「展示櫥窗」，因為它曾經配合許多該基金的經濟調節計畫。然而，聯合國兒童基金會（UNICEF）的一項研究指出，2016 年該國仍有 350 萬名兒童生活在貧窮之中，120 萬名兒童沒有在家中得到良好的飲食照顧。根據世界銀行（World Bank），2800 萬個迦納人當中，有 25% 的生活低於貧窮線（poverty line）。迦納缺乏一些基礎建設，尤其是衛生與電力方面。這個英國昔日的殖民地在經濟上還是完全依賴原物料的外銷。金（世界第二大生產國）、可可（世界第二大生產國）以及石油占了該國出口量的 70%；迦納也盛產鑽石、鋁土礦（bauxite）、錳（manganese）。歷經了幾年的經濟滯怠，迦納在 2015 年再次向國際貨幣基金貸款 10 億美元，條件是要執行又一個預算撙節計畫，降低公共支出。獨立後60 年，迦納的農業依然受到進口農產食品的競爭。

　　20 年來，迦納的番茄糊進口量不斷攀升。據聯合國糧食及農業組織的調查，進口量已經從 1996 年的 1225 公噸增加到 2003 年的 2 萬 4700 公噸；到了 2013 年更攀升到 10 萬 9500 公噸！ *換句話說，進口量在近 20 年間增加了 90 倍。2014 年，根據麻省理工學院的「經濟複雜性觀測臺」（Observatory of Economic Complexity），迦納進口了價值 1 億 1300 萬美元的番茄糊，其中 85% 來自中國。也就是說，迦納是中國番茄糊在西非的通關大門，在 2014 年總共從中國龐大的產量中，進口了 11%。而奈及利亞這位中國最大的客戶，則在同年進口了中國產量的 14%。不過，這兩個數字必須要謹慎以對，有兩個理由：第一，絕大多數的中國罐頭都含有許多添加物；第二，有些中國的番茄糊是以另一種稅金較低的關稅名目進入迦納的；這不是迦納的海關搞錯，而是貪汙的結果。

　　為什麼迦納這個農業人口占 45% 的國家，和西非其他許多國家一樣，每年仍然不斷地增加進口番茄糊？何況迦納本

* 此處的資料出自能查閱到的最新統計數據。

身就生產並消費大量的番茄。這又帶來什麼後果？為什麼迦納以前就有兩間專門的罐頭工廠，卻不再自己加工番茄了？

　　要瞭解加工用番茄全球產業複雜結構的轉變，非洲是個很好的指標。這裡的改變相當快速，價格戰也相當激烈。根據許多專家所稱，非洲在未來幾年將超越北美和歐洲，成為加工用番茄最重要的全球市場。

第 **2** 節

　　田裡有 50 名左右的日工正在採收番茄。這些新鮮番茄不是要送去加工，而是要送往市場。大部分的日工本身也是茄農。當他們不像今天在出賣自己的勞力時，這些鄉下人就在自己租來的小塊土地上耕種。這群人當中最貧窮的，大概只能租大約一英畝（約 0.4 公頃）的土地，有的或許租兩英畝、三英畝，年租金大約平均每英畝 100 歐元。有時，為了應付採收的需求，這些種植番茄但本身沒有土地的農民會僱用其他農民，等番茄採收、運送，並販售到市場，工作結束當晚就付錢給他們。農民也可以用互相幫忙的方式——他們會交換工作天，到彼此的農地採收。

　　這裡的農民不會去購買混交改良的品種，他們每年都會重新播種番茄。然而這些農民卻還是負債，因為他們必須購買和使用防治病蟲害的農藥，卻沒有受過相關訓練，也不知道產品含有什麼東西——根據政府的一項研究，60% 的茄農是文盲，噴灑農藥時也沒有受到任何形式的保護。「我力大無窮、身強體壯、百病不侵，我才不需要什麼保護，」其中一位農工向我解釋。「我們的化學產品專家，」他補充說，「就是賣農藥的那個人。只要跟他描述我們的問題，他就能夠找到解決方法，對症下藥。不，他不會到田裡來。他都是待在店裡，但是他無所不知，有的是辦法。我們的專家就是他。如果你跟他說有蟲害的問題，他就會給你抗蟲害的東西。」

　　在田地的邊緣，裝番茄的箱子旁邊，地上散布著化學藥品閃亮的「中國製造」包裝，這些化學藥劑就是那位「專家」在販售的。主要是一些滅菌劑和殺蟲劑，其中有些含有甲基陶斯松（Chlorpyrifos-methyl），然而多項科學研究證明，該化學成分對懷孕期間胎兒的腦部發育有影響，可能導致兒童腦部病變。

　　「這藥劑是我們最花錢的地方，比租土地還要貴很多，」日工們向我訴苦，卻無法明確說清楚究竟要多少錢。

　　「很難說。番茄就像樂透一樣，」夸西‧弗蘇（Kwasi Fosu）對我說，是他租了眼前這塊正在進行採收的田。「番茄在這裡是養家活口的作物。這一年，我可以賺錢，然後明年又賠掉，或是勉強打平而已。最近幾年我都不賺反賠，所以我最近都不在番茄這邊下太多賭注。」樂透？賭注？

　　「番茄有兩個風險，」他明確指出。「第一個不確定因素在於收成。你永遠不知道天候狀況或是病蟲害會不會損害收成。此外，還有市場。有時候番茄盛產，可是到了市場，價格整個崩盤。今天這一整箱的番茄到了市場可以賣到 200 塞地（cedi）[*]；這是去年一整箱的四倍價格。所以去年我損失了很多錢。今年我沒有租很多塊地來種番茄，我想我應該不會再賠錢，因為到目前為止，價格都不算太差。但是我還必須等一陣子才能知道是否能賺錢。可以確定的是，在這裡，我們愈來愈不種番茄了。番茄賺得實在不多。很多人都已經停止種番茄，我猜其他的人接下來幾年也不會種了。」

＊ 塞地是迦納的流通貨幣。1 美元約為 5.4 迦納塞地。

　　夸西‧弗蘇在村落裡被視為有錢人。他有一間簡陋的房子，平時當作酒吧。他還有一輛中國製的摩托車；在圖奧博多姆這個地方，這已經是社會階級較高者的交通工具了。「就連我的酒吧也經營不下去了。我投資的時候，以為會賺點錢，可是這裡的人太窮，付不起酒錢。種番茄已經賺不了什麼錢了。」

　　在夸西‧弗蘇田裡採收番茄的工人，沒有酒吧，也沒有交通工具；他們只有雙手。他們的借貸能力微乎其微，每年對番茄的「投注」也因而相當微小。但是每個人都很同意他們今天老闆的看法：「番茄就是樂透。」因為他們認為種植番茄是相當有風險的賭注，這些沒有土地的農民都愈來愈謹慎，種植番茄的土地也愈來愈少。

　　一位在田裡工作的年輕小伙子向我抱怨番茄為他帶來的麻煩：「幾年前，我在一英畝的地上種番茄，後來大豐收。隔年我告訴自己，要再接再厲，更加勤奮一點。我背了很多債務，租了更多田地，種植更多的番茄。收成季節結束時，我全賠光了。我無力償還債務，村裡也沒有人願意再借我錢。在這裡，如果你沒有土地又破產，接下來就只能幫人家做事還債，沒有其他的指望。於是我去了利比亞。一開始我打算去歐洲，但是我在利比亞找到工作；在那裡，我存錢打算搭

船渡海，付錢給人蛇集團。但是後來我改變心意。我很害怕
渡海，很怕會遇到船難，我不想冒這個險。我畢竟存了一些
錢，想想還是回到村子來。用這些錢，我還清了債務。現在
又回到了這裡。」

　　這個年輕人穿著一件「解放利比亞」（Free Libya）的橘
色上衣。他正把裝滿番茄的木箱釘上蓋子。我問他是否贊成
格達費下臺。「一點也不，」他解釋道，一邊用鐵鎚繼續工
作。「這裡的人都很支持格達費。不過事情發生的當下我人
在利比亞，這些 T 恤都是免費發送的，所以我就拿了一件。」

第 3 節

　　第一批採收的番茄總算裝箱上了三輪車，工人把這些箱
子捆緊，然後上了拖車。車子啟動了。為了當天的第一批運
貨，這次只有兩個人站在摩托車王後方。他們的任務是幫忙
扶住堆到頂端的木箱，沿路護送到市場，不讓顛簸路面或是
路上的坑洞搖晃導致番茄翻覆掉落。

　　沿著主要道路走，幾家傳統製磚工坊冒著煙，傳來陣陣
惡臭。一些婦女顧著柴火，其他的則攪拌水泥、沙子和水，

或是將混凝土倒進模具燒烤製磚；她們徒手工作，沒有任何的防護措施。所有的女性就這樣整天聞著令人作噁的煙霧，這股惡臭來自她們翻攪混合的燃燒物，就這樣土法煉鋼做出一點克難能用的建材。另外，在溪流旁邊，一位母親和她的孩子正洗著澡，其他婦女在洗衣服。同一條溪流，再遠一點，一個男人正拿著厚質塑膠桶把水裝滿，稀釋防治病蟲害的農藥。

在迦納，水利系統的管理簡直慘不忍睹。雖然 1993 年起就已經依據「結構性調整方案」（Structural Adjustment Program）和「經濟復甦計畫」（Economic Recovery Program）進行水利改革，但經過 20 年的改革和數年的民營管理合約並沒有為民眾帶來具體成效，反而導致水價上漲、水質低落，許多迦納人反而無法再繼續使用水利系統。從載著水的油罐車到在大街小巷以流動攤販兜售小塑膠袋包裝水，水已經成為該國的一門生意。迦納在這一方面已經成為了自由至上主義的天堂：只要找到連結水源的接頭，每個人都可以自己買一臺裝水機，當起老闆開始販售分裝的小水袋。至於這水是否能飲用，反正這些小袋包裝水會在非正式的銷售管道販賣，無人可管。就這樣貪婪與貧窮結合，把水資源也變成一種商品販售。經常可以看見迦納人在路上喝著這種塑膠袋裝水。一包

售價約 20 到 25 歐分；在這個國家，這樣的水一年可銷售 45
億包。

在附近許多村落，同樣很難找到乾淨的廁所，卻經常可
以看見迦納人在路上小解。根據世界衛生組織（WHO）統
計，全球有將近三分之一的人口家中沒有像樣的廁所，迦納
則是該問題最嚴重的十個國家之一：85% 的加納人沒有衛生
設施可以使用，這也導致了霍亂（cholera）之類的疾病肆虐。

第 **4** 節

番茄市場位於 N10 國道路旁，載貨三輪車來來回回運
送。這條公路是該國的主要命脈之一，連接中部大城庫馬西
以及鄰國布吉納法索（Burkina Faso）。布吉納法索與迦納
北部邊界接壤。

摩托車王抵達時，司機和站在拖板車上的工人忙著把一
箱一箱的番茄卸下；一整天下來，路旁的番茄已經堆積如山。
一直到了傍晚 5 點，載貨卡車才會把番茄運往其他的市場，
第一站就是庫馬西或是阿克拉。

男人搬運番茄，女人協助清點做帳，同時遮好貨品防晒。

她們用麥克筆在箱子上面標示「耶穌」、「上帝」等讚美神的用詞或任何其他符號，這樣可以區分每一箱番茄。這些女人的綽號是「女王」。她們在迦納的新鮮番茄經濟中，扮演重要角色，因為有她們的幫忙，可以大大改善這些高度易腐貨物的流通與運輸。這些女王機動性高，經常穿梭在偏鄉之間，可說是真正的批發商。離市場最遠的農民通常會等待女王前來村裡購買他們的番茄。如果沒有女王駕臨他們的村子，番茄或許就不採收了。因為有這些婦女前來，才能確認付款與物流；也就是說，會有卡車來把裝箱番茄載走。

這些批發商除了聯繫茄農，也和主要城市中心的買家有聯繫。所有交易都是雙方直接洽談同意的。因為她們是茄農唯一的窗口，在銷售貨品時，如果價格被訂得太低，她們首當其衝。不過，雖然某些女王有時確實會利用茄農的資訊不對等來盡可能地壓低價格，她們卻無法獨自決定整箱番茄的售價。的確，有些最有組織能力的女王能夠力爭上游出人頭地，甚至因為是名符其實的產銷系統之首而擁有重大影響力，然而她們卻沒有結成聯盟壟斷，多數也仍無法累積財富。她們除了要負責物流之外，萬一買來的番茄銷售不出去，她們也必須承擔風險。

第 5 節

　　在周邊地區，一般婦女前來、從其他女人的攤位採買食物的市場中，新鮮番茄離奇地不見蹤影。市場裡最受歡迎的反而是國外進口的番茄糊罐頭。「和我們種植的新鮮番茄相比，番茄糊罐頭的好處就是不易毀壞，」夸西·弗蘇對我說；當時我們一起逛市場，停留在一家罐頭攤販前。他的「真知灼見」或許令人莞爾一笑，不過我知道他正在思索。我當下趁機問他，眼前這些罐頭都是從哪兒來的，雖然我早就已經知道答案。他拿了一個在迦納最暢銷的品牌：波莫（瓦特瑪集團旗下品牌），這個名稱顯然是義大利文 pomodoro（番茄之意）的縮寫。「這個番茄是義大利來的，」女攤販自信滿滿地回答，接著又大肆吹噓她的商品味道和品質有多麼好，一旁的我不忍告訴她真相。我堅持要夸西·弗蘇瞧一眼標籤。「中國製造！」他大吃一驚。好一會兒，他詫異地說不出話。他非常吃驚，女攤販也是。「中國！中國！」他一直跳針。「可是他們是怎麼把番茄出口到這裡來的？」

　　接著，他把市場裡的罐頭全都翻過來檢查一遍。夸西·弗蘇變成一位調查員，他鍥而不捨地翻找所有罐頭的來源：吉諾、美味湯姆、波莫、拉旺斯（La Vonce）、非洲鼓（Tam

Tam）……他這才發現所有在迦納販售的大品牌都來自中國。這座市場有 20 個以上的女攤販在賣一盒盒疊成一堆的中國番茄糊罐頭。那位一直反覆告訴我她原本深信自己販售的罐頭來自義大利的女攤販，告訴我當地經銷商的名字以及銷售的情況。她必須花三天才能把一箱 24 個容量 400 公克的番茄罐頭賣完；她每天也平均賣出 50 包容量以 70 公克為單位的番茄糊包。在迦納，這種很輕便、用完即丟的袋裝番茄糊，近年來逐漸取代小罐頭。對生意人來說，這樣的包裝雖然比較不適合貨櫃載運，卻比罐頭還要便宜許多。但是這種袋裝的型式也反映了新的現況：愈來愈多的罐頭工廠直接在非洲當地包裝中國來的番茄糊。

「當然啦，如果這種情況持續下去，我的小孩遲早要離開迦納，到歐洲發展。」夸西‧弗蘇感傷地說。「要怎樣才能解決這個問題呢？這些中國番茄糊比我們自己種的番茄還要便宜哪！真是無法可想！」他接著說，有點懊惱。

遠處，大馬路的旁邊，堆著番茄箱的市場裡，大卡車抵達了。所有人都進入備戰狀態；大家就位準備搬貨到大卡車上。在白日將盡的餘暉中，女王們開始發號司令，點貨、再點貨、算鈔票給錢。箱子裝滿了，一天的工作也結束，我偶然遇見那位從利比亞回來的年輕日工，遠遠地就從那件

橘色上衣認出他來。我問他是否認識其他離鄉背井去歐洲發
展的年輕人。「我當然認識，去歐洲的年輕人很多。很多人
做番茄生意或其他的農產採收做到破產，所以前往歐洲發
展。村子裡最後一個去歐洲的，是在上星期。他叫做寇戈
（Kogo）。」

Chapitre **16**

席捲非洲的中國番茄罐頭

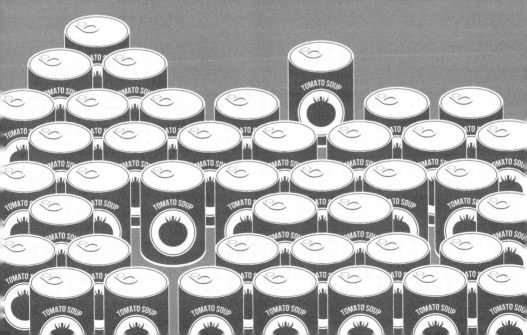

第 1 節

據聯合國難民署（UNHCR）統計，2015 年有超過 100 萬個難民從海路抵達歐洲。2016 年，由海路抵達歐洲的難民人口數量卻減為 2015 年的三分之一。人數銳減有一部分是因為土耳其和歐盟在 2016 年 3 月簽署的協議，這項協議旨在防止敘利亞難民進入希臘海岸，條件是歐盟得在 2018 年 6 月之前撥給土耳其 60 億歐元。

　　然而抵達義大利的非洲難民數量卻維持不變，據 2015 年和 2016 年的調查，每年大約有 15 萬人。「中地中海路線」（Central Mediterranean route）從利比亞一直到義大利，是最為險惡的逃難路線，可是卻有過半的難民都是走這條路線：2015 年有 3771 名難民魂斷地中海，2016 年則超過 5000 人。

　　近年來海難的景象、死裡逃生的生還者、海上罹難者覆

蓋在白布底下等驚悚畫面傳遍全球。這些震驚世人的場景也激發了世界各地的電影人、攝影師、視覺藝術家和小說家的創作靈感。這慘無人道的暴力召喚了各地志工、協會組織、黨派、宗教，在歐洲也引發政治論戰。但是鮮少有人關注這種現象背後的世界經濟脈絡——一場席捲全球地表、與全球經濟資本主義特性息息相關的經濟戰爭。事實上，在 2015 年和 2016 年抵達義大利的 30 萬個非洲難民當中，有許多人在抵達歐洲之前在非洲大陸曾經工作過，特別是從事農業。只不過現在，他們是在歐洲工作。

2016 年 3 月，普利亞一輛連接納爾德奧（Nardò）與雷契（Lecce）兩城的列車上，我遇見了這些人的其中一位。這位 40 歲的勞工來自塞內加爾（Senegal）北部，以前那裡生產的番茄糊供應了全國的總消費量。當時我正調查非洲人在普利亞的工作環境，卻遇見了一位以前在塞內加爾採收番茄的農工，而他現在每年夏天在義大利採收番茄……雇主從來沒有申報僱用他，工作都是按件計酬，烈日下每天採收，所得大約 20 到 25 歐元。這位勞工向我描述他「搭小船」渡海抵達蘭佩度薩島（Lampedusa）的過程，以及在普利亞的日常生活艱辛，最後他訴說了對家鄉的思念：「在塞內加爾採收番茄的確不輕鬆，收入也很微薄。但我還是很懷念那段

日子；至少，在我的家鄉，我不會被當作奴隸。」他的悲歎，
道盡了自由貿易背後付出的慘痛人道成本。

<h1 style="text-align:center">第 2 節</h1>

　　1960 年 8 月 20 日塞內加爾獨立後不久，非洲出現了一個
知名的番茄糊品牌「狄耶戈鮑迪阿爾」（Dieg Bou Diar），
沃洛夫語（wolof）*的意思是「爭相搶購的東西」。該品牌
是由桑德納克集團（Sentenac）*旗下塞內加爾食品罐頭公司
（Société de conserves alimentaires au Sénégal; Socas）所生產。
狄耶戈鮑迪阿爾罐頭上的圖案是一個非洲女子頭頂著一籃塞
內加爾的番茄。1960 年代，兩位農學家創立了塞內加爾的番
茄產業：伊卜拉希瑪・費迪歐（Ibrahima Fédior）和唐納・巴
隆（Donald Baron）。費迪歐是塞內加爾人，是個茄農，後來
成為塞內加爾國家農村協合會（Conseil national de concertation
et de cooperation des ruraux du Sénégal）主席，也是該國番茄產
業爾後的關鍵人物。巴隆則是法國企業家，是長期以來對塞
內加爾最具影響力的商人之一。唐納・巴隆在該國獨立後不
久來到塞內加爾，現在已經退休，他一輩子都在桑德納克集

團從事農產食品業相關工作，後來還成為集團的老闆。這位企業家與達卡（Dakar）政府相當交好，是塞內加爾資方國家委員會（National Council of Employers）副主席，曾在世界貿易組織峰會時，捍衛塞內加爾公司的利益。然而巴隆初抵塞內加爾時，還只是個年輕的法國農業工程師，在尋找一些土地以展開番茄相關農產食品業務。經過 1965 年的種植試驗，及 1969 年設立的第一座試驗工廠，塞內加爾食品罐頭企業於 1972 年在薩瓦涅（Savoigne）成立番茄糊加工廠，每天可以加工 200 公噸的番茄；同時也成立一座產量達數千噸的番茄農場。薩瓦涅是距離聖路易 30 公里的北方小村莊，它在塞內加爾歷史上可不是沒沒無聞的小地方——利奧波德·塞達爾·桑戈爾（Léopard Sédar Senghor）[*]總統的企圖就是把這座小村變成全國農業發展的領航市鎮。1964 年起，在薩瓦涅，一間由軍方管理的農場－學校聚集了數百位未滿 20 歲的未婚年

* 沃洛夫語是沃洛夫人的民族語，使用者主要分布在塞內加爾、茅利塔尼亞與甘比亞。

* 取自法國企業家尚·桑德納克（Jean Sentenac）的姓氏，他在 1902 年來到塞內加爾，他的父親經營一家花生商行。

* 桑戈爾在 1960 年到 1980 年擔任塞內加爾首任總統。他本身是詩人，被認為是 20 世紀非洲最重要的知識分子之一。

輕男子，所有人都是自願加入，當時被稱為「獨立先鋒」[*]。他們接受農業、軍事與公民領域的培訓，並在結訓之後獲得一小塊土地。歷經軍方幾年的輔導，薩瓦涅後來成功自主化。由於灌溉基礎建設的設置（堤防、橋梁），薩瓦涅成功轉型為塞內加爾獨立後的標誌性農業區。1960 年到 1986 年間，該國的首要農業與貿易政策趨向自己生產，取代進口。

　　1972 年以來，塞內加爾食品罐頭公司在法國人的管理下，提供塞內加爾茄農免費的技術協助，以及番茄採購保證合約。這項投資是與塞內加爾政府合作進行的，透過一項合約暨發展計畫，擔保塞內加爾食品罐頭公司在塞國國內市場將受到保護，相對地該公司必須保證達到一定的農產量以滿足國內市場需求。塞內加爾食品罐頭公司於是投資了 120 億以上的西非法郎[*]，發展塞內加爾番茄產業，主要都是在聖路易地區。從獨立到 1986 年這個商業發展的第一階段，塞內加爾採取的政策是限制或禁止某些物資的進口，刻意讓某幾家受益的企業形成幾乎壟斷的情況。當時，西非加工用番茄業的先鋒，狄耶戈鮑迪阿爾牌的番茄糊就曾獨霸塞內加爾市場。塞內加爾食品罐頭公司創立的前幾十年生意興隆，經常被塞內加爾當局引用為成功企業的典範。塞內加爾郵局甚至在 1976 年發行一款郵票，稱為「番茄的工業化種植」，

圖案是一位茄農駕著牽引機，右下方還有兩顆漂亮的熟番茄。狄耶戈鮑迪阿爾當時就足以應付塞內加爾國內對番茄糊的需求。當然，老闆都是法國人，但是至少塞內加爾人達到獨立時期制訂的目標——自給自足。

　　1986 年沙塵暴肆虐，導致收成毀損，塞國這才從國外進口了番茄糊，但數量不多，遠低於全國產量。這場天災反倒是給了農業工程師和茄農出身，同時也是前番茄專業領域聯合會理事長的伊布拉辛・費迪歐爾一個想法：他在沙漠邊緣植樹造林，在 50 公頃土地上種植 5000 棵樹，以抑制漠化的進展，變成環境工程的一個典範[*]。

　　同一年，也就是 1986 年，塞內加爾改變了它獨立以來的發展模式[*]。「新工業政策」的實行使得塞內加爾的經濟

* 羅曼・提切（Romain Tiquet），＜桑戈爾的塞內加爾烏托邦村莊—薩瓦涅還剩下什麼？＞（Que reste-t-il de Savoigne, utopie villageoise du Senegal de Senghor？），《世界報》，2015 年 11 月 13 日。

* 即 West African CFA franc，XOF，非洲法郎的一種，通用於西非八個國家。

* 馬拉多・德姆貝勒（Muludo Dembélé），〈環境：非洲有益植物〉（Environnement: les bons "plants" des Africains），2002 年 7 月。

* 阿瑪都・阿里・馬貝耶教授（Pr. Ahmadou Aly Mbaye），〈塞內加爾發展策略對該國商業政策之因應研究〉，2006 年 5 月。穆斯塔發・加斯（Moustapha Kasse），〈結構調整計畫的逐漸失速：以塞內加爾為例〉。塔瑞克・達吾（Tarik Dahou），〈塞內加爾的市場自由化與農業政策〉。

接受國際競爭。西非經濟貨幣聯盟（UEMOA）會員國在國際貨幣基金與世界銀行的鼓勵下，啟動了「結構性調整和穩固計畫」，朝自由貿易之路邁進。幾年後，更對塞內加爾的經濟施行激烈的「休克療法」（shock therapy）*。塞內加爾和非洲其他 12 國及葛摩（Comores）*，在 1994 年 1 月 11 日讓其貨幣遽烈貶值。貨幣調節的正式目標是要重整相關經濟體的外銷競爭力、恢復貿易平衡、減少預算赤字，以及恢復「成長力道」。塞內加爾政府將許多國營企業私有化，並消除了大部分的公有獨占事業。

　　當時中國還不是番茄糊產業的強國之一，但多虧了義大利提供的技術轉移，中國漸漸崛起……1990 年代早期，塞內加爾在番茄生產和加工方面創新紀錄，加工的番茄總量達 6 萬公噸──這是撒哈拉沙漠以南國家中唯一的特例。但是接下來幾年，塞內加爾的生產曲線（production curve）下滑，進入 2000 年時產量直跌至 2 萬公噸以下──因為中國加入了全球市場，而且價格極為低廉。塞內加爾的經濟市場已經自由化，邊界完全敞開。於是，國外番茄糊的進口曲線以史無前例的速度攀升：進口番茄糊從 400 公噸增加到 6000 公噸，增幅達 15 倍之多。塞內加爾的產量則減半*。6000 公噸的番茄糊乘以七倍，相當於生產番茄糊所需的「新鮮番

茄」量；亦及塞內加爾在 2000 年之際進口 4 萬 2000 公噸中國新鮮番茄。換言之，這些該國本來可以自己生產與加工的番茄，最後都改採進口的方式。然而，塞內加爾食品罐頭公司還是繼續營運生產，但是情況愈來愈艱難。2004 年，它的一家主要競爭對手開始營運：黎巴嫩人開的阿格洛萊（Agroline）公司；接著，2011 年又出現第二家競爭者塔卡茂（Takamoul）。這兩家塞內加爾食品罐頭公司的競爭對手剛進入市場時，都承諾會用塞內加爾的番茄加工。實際上，他們卻將自家工廠設在港口區，離農田很遠，而且一開始就用中國的三倍濃縮番茄糊經過復水變成兩倍濃縮番茄糊，和義大利南部同業廠商的做法如出一轍。這樣的做法使原本組織縝密的塞內加爾番茄產業變得脆弱。塞內加爾食品罐頭公司旋即失去競爭力──2009 年，一公斤中國進口番茄糊的含

＊ 此處的休克療法係指總體經濟學的一種方案，最早源自於傅利曼，稱為休克政策。做法是由國家主動且無預警地放鬆價格與貨幣管制、減少國家補助，迅速地進行貿易自由化。

＊ 葛摩是非洲阿拉伯國家島國，主要領土涵蓋三座火山島。

＊ 聯合國糧食及農業組織暨產品聯合會，2003 年 3 月 18 日到 21 日，《以食安角度看商業策略和農產品進口的演變》（Politiques commerciales et évolutions des importations de produits agricoles dans le contexte de la sécurité alimentaire）。

稅成本，比一公斤塞內加爾生產的番茄糊便宜兩倍。塞內加爾生產的番茄糊風味極佳，由高效率、結構良好、經驗豐富的業者生產，卻無力對抗傾銷。於是，有利資方的風颳了起來。海關大門敞開。中國番茄糊主宰了市場。

悲劇在 2013 年發生：塞內加爾食品罐頭公司兩座加工廠的其中一座（位於竇加納，Dogana）關廠。84 名員工遭到解聘，好幾百名茄農失去了農作物的寶貴買主。工業設備全遭廢棄，如今已經成為一座幽靈工廠。

加工廠歇業之際，反對黨抨擊唐納‧巴隆，把這位塞內加爾食品罐頭公司的老闆形容成「流氓老闆」[*]。對於反對關廠的這一派人而言，這位法國人是最好的代罪羔羊——就像網路上的批評所說，他彷彿是「殖民主義復興」的代言人。實際上正好相反，塞內加爾食品罐頭公司的關廠標示著新殖民主義（neo-colonialism）時代的結束：即 20 世紀下半葉法國資本家和塞內加爾國家之間密切合作關係的時代結束。塞內加爾食品罐頭公司失去了一座工廠，因為它面臨非洲資本主義的新局面：中國非洲（Chinafrique）。在地生產的番茄糊走入尾聲，只是其中的一個徵狀。

2012 年到 2015 年，塞內加爾食品罐頭公司一直在賠錢[*]。儘管中國番茄糊的價格微幅上升，狄耶戈鮑迪阿爾的番茄糊價格還是比其他用亞洲番茄糊再加工的競爭同業貴了 30%。

塞內加爾的番茄產業和其他西非國家不同，它擁有一切的基礎建設和技術，能夠不浪費當地種植採收的番茄，而且可以完全自給自足，甚至外銷到鄰國。來自中國番茄糊的競爭破壞了塞內加爾的貿易平衡：2013 年，塞內加爾進口了價值 1000 萬美元的番茄糊，2014 年進口了 829 萬美元；其中絕大部分來自中國。

中國如今供應非洲 70% 的進口番茄糊。在西非地區，中國番茄糊的市占率更高達 90%。

在塞內加爾的電視上，迪耶戈鮑迪阿爾牌的番茄糊罐頭還在奮力抵抗，試圖透過幽默風格的廣告影片來強調它的產品來自本土產地。廣告中可以看到：流動攤販向塞內加爾的婦女推銷進口產品，例如國外來的香水或手提袋。接著，就像動畫裡那樣，這些流動攤販被從天而降的迪耶戈鮑迪阿爾巨型罐頭壓扁。在這些廣告中，塞內加爾製造的番茄糊獲勝了，但是能撐多久呢？

* 〈寶加納的自由主義人士批判塞內加爾食品罐頭公司歇業事件〉，網址：leral. net，2013 年 3 月 2 日。
* 瑪麗詠‧杜艾（Marion Douet），〈塞內加爾，塞內加爾食品罐頭公司憤怒的紅番茄〉（Au Sénégal, la colère rouge tomate de la Socas）Jeune Afrique（青春非洲新聞社），2015 年 4 月 10 日。

「要問的根本問題是：為什麼今天有這麼多難民？三年前，我去蘭佩杜薩島（Lampedusa）時，這個現象已經開始產生。最初的問題是在中東與非洲爆發的戰爭，以及非洲大陸的落後發展，及其引起的飢荒。之所以有戰爭，是因為有武器製造商——雖然基於國防上的需求是正當的——更是因為有武器走私販子。失業現象如此頻繁，是因為缺乏投資，投資可帶來就業機會，而這是非洲非常需要的。這裡更廣泛地牽扯到全球經濟體系的問題，如今全世界已陷入金錢崇拜。80% 的人類財富掌握在大約 16% 人口的手裡。完全自由的市場是失敗的。」

——教宗方濟各（Pape Francois），〈必須融入難民〉（Il faut integrer les migrants），

《十字架報》(La Croix)，2016 年 5 月 16 日。

Chapitre 17

勞工的無奈，移民的悲歌

第 1 節

如今，許多歐洲大型量販通路商販售的商品，不論是橄欖油、柳橙汽水、水果、蔬菜、有機產品，或是有產區認證的義大利製造商品，背後往往隱藏著對幾十萬勞工的壓榨，而他們可能是義大利人或外國人。這一類壓榨的運作原則仿效「下士制」（Caporalato，義大利文，借用軍事位階，意指犯罪集團打手）：受害者的工作由「下士」（Caporal），也就是非法勞力管理者所管控及組織，他們與巨大的犯罪體系緊密相連，也就是農業黑手黨。這種工會所抨擊的勞工壓榨機制在義大利相當普遍。「下士制」遍及整個義大利農業，包含義大利北部的農業。在義大利半島上，非法勞力組織性壓榨始終是媒體報刊中常見的話題；連國會議員也為此爭論不休，並且已經通過一些對抗非法勞力組織性壓榨的法案。

然而這個系統還是繼續存在。

　　義大利南部的番茄罐頭占全球外銷量的 77%。儘管不願意、也並非所有廠商都牽涉其中，但這些罐頭已經成為「下士制」的標誌。

　　到義大利工作的非洲人，無論來自哪一國，都會進入該體系中工作。他們並沒有受到當地的「接納」，而是被打入無產階級，有數千人住在義大利俗稱的「貧民窟」（ghetto）。這些和其他居民隔離的地方，卻與全球經濟息息相關。許多難民寧願在貧民窟生活，也不要到公家資助或是義大利天主教救助服務會提供的收容中心，因為貧民窟的難民可以進入由下士們控制的勞動力市場。生活在貧民窟有如塊肉餘生，沒有舒適環境、人口擁擠，必須帶著水壺，飲用有水質可疑的水，忍受犯罪集團控制的暴力世界。非洲工人還必須付房租才有權利留在貧民窟。打群架是常有的事，難民被謀殺也是家常便飯。不過，住在貧民窟，也可以得到一種相互作伴的安全感，因為大家都有同樣的生活處境，活在同樣的社會階層；可以與自己的同鄉住在一起，說著同樣的語言，經歷過或者還活在其中的人，形容這是個充滿矛盾情結的共同體：令人身心俱疲、萬劫不復，但是卻又可以相互取暖，特別是因為在裡面可以找到工作，得以繼續夢想未來，只要體力依

然許可。在歐洲南部，這些貧民窟形成一個完全建立在苦難和剝削之上的真正反社會。

正如國際特赦組織（Amnesty International）一份 2012 年令人觸目驚心的報告中所述[*]，剝削難民移工已成為義大利農業的主要支柱之一。據官方統計[*]，2012 年的義大利農工總數為 81 萬 3000 人，其中 15 萬 3000 人是來自歐盟以外國家的移民，14 萬 8000 人則是來自歐盟會員國的外籍人士。然而，這些統計數據並未包含為數可觀、在義大利從事農業卻沒有被申報的外勞。2015 年，歐盟基本人權署（Fundamental Rights Agency，FRA）公布一份有關這項議題的沉重報告，當中特別強調「勞工遭到嚴重剝削」[*]。

位於普利亞的福賈是製造罐頭的番茄種植中心。「許多難民在夏天來到普利亞從事採收，然後在冬天離開，通常是往北走，」福賈省義大利總工會農產食品加工業勞工協會的拉菲爾・法爾康（Raffaele Falcone）說，「我們估計，夏天番

* 國際特赦組織，《勞工壓榨：義大利農業中的難民移工》，2012 年出版。
* 義大利總工會農產食品加工業勞工協會，《農業黑手黨與下士制：第三次報告》中之 INEA 與 ISTAT 統計，2016 年出版。
* 歐盟基本人權署，《嚴重勞工壓榨：歐盟境外與境內移工》，2015 年出版。

茄採收季期間，福賈有 3 萬名非洲人來從事農作。但是，如果查看統計數據，其中只有 2000 人確實有向官方登記在冊。」

第 2 節

義大利普利亞福賈市，波哥美札儂（Borgo Mezzanone）貧民窟

2016 年 7 月 30 日。現在是凌晨 4 點。阿爾法（Alpha C.）離開和另一位塞內加爾人同住的老舊露營車。他走向密封水桶，裝滿一盆水，開始梳洗。「這水是我昨天找來的，」他輕聲地說，不想吵到鄰居。「在貧民窟，水源是個大問題。以前我從來沒有遇過，即便是在非洲。你可能覺得奇怪，但是當你徒步穿越尼日或利比亞，你不會有缺水的問題：紅十字會安裝了幫浦馬達，很多村落都有水井。可是在普利亞的貧民窟，水對我們來說實在是很麻煩。離這裡最近的一個供水站要走十分鐘。」

關於貧民窟的官方記載完全不存在——彷彿貧民窟不存在；既不合法，也不算不合法。它們的規模大小不一，從十幾位居民到上千人都有。根據工會的計算，單單在普利亞地

區就有超過十幾個貧民窟分散各地。如果被推土機輾平了或是被火舌吞沒，另一座貧民窟馬上又會在別的地方蓋起來。

在所有的貧民窟當中，波哥美札儂算是最不會滿地泥濘、路面又有鋪柏油的一個，原因很簡單：這裡原本是廢棄的軍事機場。冷戰時期，在此駐紮的空軍聯隊距離亞德里亞海（Adriatic Sea）另一端的南斯拉夫和阿爾巴尼亞，只有幾分鐘的航程。如今，帶刺鐵絲網仍然守衛著老舊的軍事基地，但飛機跑道上卻滿是廢棄汽車、露營車或貨櫃。鐵絲網後方就是貧民窟。許多廢棄不再裝載貨物的貨櫃，從此變成落難抵達義大利的非洲移工暫時的棲身之處。每個貨櫃裡有十幾個睡鋪，這些人在這裡養精蓄銳，然後再回到田裡工作。

阿爾法點燃小爐子，繫緊鞋帶，備妥他的腳踏車，吃早餐，刷牙，仔細地將帽子綁在頭上。醒來到現在還不到 15 分鐘。「我要騎一小時的腳踏車才能在黎明抵達番茄田，」他小聲地說。在附近的貨櫃裡，其他人還在睡夢中。「我比較喜歡騎單車上田，這樣必須提早一小時起床，但可以省下 5 歐元的交通費。」

省下 5 歐元？在義大利的貧民窟，「下士」，也就是那些以鐵腕掌控非法勞力市場的那些人，會每天早上開著小貨車去僱用工人。搭上下士的小貨車，一天的工作還沒開始，

你就已經負債 5 歐元了：按照下士的說法，這筆金額是交通費，會在傍晚清算番茄箱子數量並支付工資時直接扣除。在福賈，番茄採收工作都由東歐（羅馬尼亞人、保加利亞人）和非洲人執行。「幾乎全部的工人都沒有被申報，所有人都是黑工，不然就是遊走在灰色地帶：有些工人只被申報工作了幾個小時，實際上卻做了一整季，」義大利總工會農產食品加工業勞工協會的拉菲爾・法爾康說。外籍農工每採收一箱 300 公斤番茄可以得到 3.5 至 4 歐元的報酬。等於採收番茄每公斤獲得 1.16 至 1.33 歐分。這行情和中國一樣，在新疆採收番茄每公斤也是支付 1 歐分。

　　阿爾法的身影消失了：這位年輕人無論如何絕對不能錯過每天早上在貧民窟出口處由工人組成的自行車小隊，這個隊伍中的人寧可每天踩兩小時腳踏車（去程一小時，回程又一小時）也不要被下士勒索；他們會直接到農園找下士，下田工作。

　　貨車在路上行駛，以簡訊通聯，廣闊的貧民窟什麼車子都進得來……普利亞的下士組織運作，是在光天化日之下進行，完全沒在顧忌卡拉賓騎兵（carabinier）[*]。只要夠謹慎

＊ 義大利的國家憲兵，職責是管理軍隊並協助義大利警方維持治安。

小心，任何工會成員或是記者都可以親眼看到下士的貨車光明正大地來回穿梭於貧民窟之間。「臨檢太過鬆散，貪腐弊端層出不窮」，關於下士組織，我問了十多位普利亞的義大利總工會農產食品加工業勞工協會的成員，他們都異口同聲這麼說。拉菲爾‧法爾康向我解釋：「去農田臨檢時，茄農經常在事前就接到通風報信，所以臨檢就變成做做樣子。有幾次，還發生當場賄賂的事情。在這裡，縱容犯罪似乎是潛規則。」

　　在義大利，85％加工用番茄的採收已經機械化，其餘15％還是手工採收；整體而言，義大利北部的採收已全面機械化。在加州，由於農場面積幅員遼闊，機械的運用降低了採收成本，因為縮減了工資。然而在在義大利南部這些農地，面積較小而數量較多，而且都是不同地主所有，地主於是組成「生產者組織」（organizations of producers）以便與罐頭工廠協商時擁有更多籌碼。也因此，機器能提升的生產力反而不多。小塊土地不適用「企業化農業」（agriculture de firme）這種投入大量資金，控管大片土地產量的加州模式。

　　南道‧柏瑞蒂基金會（Nando Peretti Foundation）贊助的一項研究＊計算出，在義大利南部一塊中等面積土地採用機器採收的成本，和下士安排的手工採收（也就是在非法剝削勞工的情況下）成本幾乎相同。換句話說，在該地區，機器

和奴隸是相互競爭的關係。若是某位下士特別「勤於」暴力
相向，或恫嚇威脅，加倍剝削這些移工的勞力，甚至偷他們
的工作天，不付他們薪資（這其實非常普遍，也是這些『貧
民窟』中爆發肢體暴力衝突的主要因素），21 世紀的奴隸還
會變得比最先進的機器更具競爭力。

　　夏天來到貧民窟，經常遇到難民，不論是基督徒還是回
教徒，都在祈求老天下雨。的確，下雨的時候，土壤變得泥
濘，操作員就不能冒險操作噸位龐大的採收機，否則機器可
能會陷入泥淖。當下雨讓機器動彈不得，下士們就會突然急
需大量人力——採收工的工資也會因此拉高了；有可能超過
4 歐元。對於難民來說，降雨具有真正神奇的力量，能夠讓
工資變多。

　　不論下不下雨，人工採收的番茄品質還是高於機器採
收——採收工人只會摘取成熟的鮮紅番茄。此外，和機器採
收相比，人工採收比較不會損傷番茄。因此品質最好的去皮
番茄罐頭，比較有名的品牌都是用手工採收。

 ＊ 法比歐·辛康特（Fabio Ciconte）與斯蒂法諾·利柏堤（Stefano Liberti），《剝
　削，番茄產業的危機：在開發與忍無可忍之間》（*Spolpati. La crisi dell'industria
　del pomodoro tra sfruttamento e insostenibilita*），2016 年 11 月。

第 **3** 節

普利亞里尼亞諾（Rignano），格朗（Gran）貧民窟

　　顧名思義，格朗貧民窟是普利亞最大的一座貧民窟[*]。夏季時，貧民窟裡層層的木板和木塊，撐起了片片的鐵皮和塑膠帆布，最多可容納 5000 個難民。他們都來自非洲——塞內加爾人、布吉納法索人、馬利人、多哥人（Togo）和奈及利亞人在這裡人數最多。就像波哥美札儂貧民窟一樣，語言（法語或英語）把整個區域劃分為兩個社區。

　　我在瑪格達蕾娜．哈茲札克（Magdalena Jarczak）的陪同下，來到格朗貧民窟。她是福賈義大利總工會農產食品加工業勞工協會的成員。瑪格達蕾娜在 1980 年出生於波蘭，2000 年時第一次來到義大利，到農場當工人[*]。

　　「這已經是 15 年前的事了。我的一位波蘭同鄉，引介很多人到田裡工作，男女都有，來福賈這裡，到奧爾塔諾瓦（Ortanova）、卡拉佩萊（Carapelle）、斯托爾納拉（Stornara）和斯托爾納雷拉（Stornarella）……他其實是下士，只是當時我不知情。我住在廢棄的老屋子裡，沒有飲用水，就是一間村舍。」村舍是普利亞法地區在西斯農地改革時期所建造的典型小農舍，如今大多已遭地主棄置。「那是在奧爾塔諾瓦的鄉村。我在田裡工作了三個月，採收番茄、葡萄、朝鮮

薊⋯⋯一毛錢都沒領到。下士拿走所有的錢，還拿走我的身分證件，跟我住一起的那些女孩子的證件也被拿走了。他從來沒有付錢給我們，他說等我們工作滿三個月後就會付錢。實際上，他一毛錢也沒給。我們這些女孩子後來就逃跑了。我們發現這個下士其實會把女孩子推入火坑。男人就被他抓去工作，女孩就被賣掉。同樣的情形也在羅馬尼亞人、保加利亞人或是非洲人的貧民窟中發生。人種和國籍或許不一樣，但是狀況依然相同。」

　　2000 年代早期，波蘭下士的暴力行為成為義大利和波蘭兩國間一起外交事件的起因；當時有幾位波蘭工人失蹤，一些屍體隨即被發現——其中有幾具正是被通報為失蹤人口的受害者。至於瑪格達蕾娜・哈茲札克，她因為受到義大利總工會農產食品加工業勞工協會救援，滿懷感激，於是她獻身公益，後來把志願變成工作。這位波蘭出身、操著一口完美義大利語的女子，如今已成為義大利總工會農產食品加工業勞工協會福賈分會的重要人物之一。

　　要在里尼亞諾的格朗貧民窟生活，難民首先必須付 25

＊ gran 在義大利文中是「大的」意思。
＊ 2016 年 8 月 1 日訪談瑪格達蕾娜・哈茲札克。

歐元的入住費。之後，每月還要支付 25 到 30 歐元的住宿費；每年不同季節有將近 4000 到 5000 人住在那兒，所以那些掌控貧民窟的非法分子每月可賺取上萬歐元。在貧民窟，一切都是私有化的；比方說手機充電要支付 10 到 20 歐分。貧民窟的上位者從事各種買賣，販售各式商品與服務。和普利亞大部分的貧民窟一樣，裡面的社會分工慘絕人寰：男性到田裡出賣勞力，女性從事性交易。女性的工資所得按照男性的工資計算，隨著採收時節以及供需原理而變動。

　　妓女們也得依賴犯罪組織。就像農工必須支付 5 歐元的卡車交通費，妓女也要支付接客房間的租金，一天 10 歐元，包括沒有客人光顧的日子。「和貧民窟裡那些在普利亞田裡工作的東歐婦女不同的是，非洲女性一般而言不在田裡工作，」工會成員拉菲爾‧法爾康解釋。「為了在貧民窟裡有錢過活，非洲女性只有兩種選擇：被男人包養，這很少見；或是賣淫，這比較常見。對於貧民窟裡來自東歐的婦女，情況稍有不同，但沒有比較好──她們可以到田裡工作，也可能找到一個伴侶，但這並不一定能讓她們免於被迫賣淫。」

　　每年冬天，普利亞的貧民窟裡，克難拼裝的各式暖器經常引起火災，而且因為貧民窟都是用易燃材質建成，往往就在幾十分鐘內全部燒光，就像 2016 年發生在里尼亞諾格朗

貧民窟的火災那樣。火災會導致一些居民受傷、嚴重灼傷甚至死亡，例如福賈附近的保加利亞貧民窟所發生的案例，那是發生在 2016 年 12 月，一位 20 歲青年葬身火窟。2017 年 3 月 2 日到 3 日的夜裡，格朗貧民窟第二次徹底燒毀，兩位非洲難民命喪火場。

第 4 節
普利亞切里尼奧拉，迦納貧民窟

2016 年 3 月。退休的心血管外科醫師恩佐・利摩薩爾諾（Enzo Limosano）把露營車停在貧民窟入口處，熄掉引擎。從車子的擋風玻璃放眼望去，盡是廢棄村舍形成的小村落。我們的車門關上發出聲響，一隻流浪狗開始狂吠。我跟著恩佐・利摩薩爾諾前進，他小心翼翼地走在碎屑遍地的泥濘路上。

在迦納貧民窟就和在非洲的村莊一樣，按照習俗，訪客抵達時必須先會見部落酋長：亞歷山大（Alexander）。「他就住這裡，」恩佐・利摩薩爾諾喃喃說道，一邊敲著用粗糙修補過的木板充當的門板。屋頂有破洞，以覆蓋塑膠帆布的

紙箱板修補，再用石塊壓住帆布。天氣很冷。貧民窟看似空蕩無人。「這個季節田裡的工作不多。很多人離開這裡到別處工作，等天氣轉好，到了重要的採收季再回來。」恩佐·利摩薩爾諾在進門時向我解釋。

　　昏暗燈光之中，我依稀發現三個男子的臉，微弱受光。「嗨，孩子們，亞歷山大在哪裡？」醫生問他們。他們伸出食指──酋長睡在長了苔蘚的舊木板上，用一條被子裹著。這間簡陋茅屋裡所有家具都是撿來的，他後方的牆壁上貼滿從公車站偷來的海報，廣告推銷著高級香水、精緻服飾或珠寶：廣告上有裸體女郎搔首弄姿。

　　亞歷山大蓄著灰黑相間的鬍子，慢慢醒來。此人已上了年紀，因為剛睡醒的關係顯得動作笨拙。他對我們微笑，歡迎我們造訪貧民窟。這位酋長是一名工人，和其他人一樣。他和下士沒有什麼特殊關係。亞歷山大是因為年紀的關係成為這裡的長老，這個貧民窟幾乎清一色是迦納人。

　　那三個躲在黑暗中的人影看著我們，一副事不關己。我發現他們身旁有一張重機賽車押車過彎的海報。「年輕人！如果有需要看醫生，趁這個時候到露營車來找我們看診，」退休的外科醫師對他們喊話。和他們握完手，我們立刻前往其他破損的村舍去通知大家露營車到訪之事。

　　除了義大利總工會農產食品加工業勞工協會的成員和當地的寶拉修女（Sister Paola）之外，恩佐‧利摩薩爾諾是少數會到切里尼奧拉貧民窟的義大利人之一。「之前在 2015 年時，是由一家義大利非政府組織負責提供這些貧苦工人醫療照顧，」醫生告訴我。「他們帶著醫藥器材抵達，還提供有品質的醫療照顧。但是，這是在普利亞有提供補助金的條件下，他們才這麼做。自從地方政府停止補助，醫療服務就突然中斷，他們沒有再來貧民窟了。甚至兩個月自費來一次也沒有！然而，我可以向你保證這裡一切都沒變，完全沒有好轉。那個非政府組織繼續在義大利的車站或電視上以貧困的非洲兒童做廣告，利用一些非洲戰亂地區的影像來募款。但是在義大利，這個歐盟成員國，他們卻放棄了這些窮人。這裡的病人可不少啊！真是無恥。」恩佐‧利摩薩爾諾忿忿不平。

　　這位醫師並非政治鬥士，也不是天主教協會的志工。他只是意外接觸了一個他之前完全渾然不知的現實世界。

　　「坦白跟你說，我第一次到這裡時，生平第一次對於身為義大利人感到羞恥。所以，從此以後，我竭盡所能到處去找願意提供免費藥物的藥房，四處參加醫學講堂，號召醫學生、住院醫師幫忙，希望星期日能與我一起過來的人就來，

每個月一到兩次來普利亞的貧民窟。」

有一項區域性服務是分發可飲用水箱，不時會到貧民窟來。有時候，水箱送得很勤，每周一次；其他時候則好幾個星期都沒出現。在這些青黃不接的時期，貧民窟就沒有可飲用的水。

醫療露營車外型不像先前非政府組織拜訪村落時開的專業醫療車。這是一輛舊車，車椅都已磨破了，由普利亞不同的機動慈善團體所共用。然而，這是唯一來到這裡的醫療車，每個月一到兩次，以提供門診服務。門診開始時，我在貧民窟走著，認識了一位多哥人，他是這裡唯一會講法語的人。「我被困在這裡，」他向我透露，毫不掩飾他的絕望。他不是我聽過唯一一個後悔來到歐洲的非洲人。很多人滿懷希望來到這裡，準備好接受艱辛的工作。開始時他們進入申請庇護的程序，但遭到駁回，變成非法居留。他們無法自由行動，只好躲到貧民窟，漸漸地變成無產階級，只能在貧民窟花掉工作所賺取的酬勞，勉強過日子。就算他們辛苦地從低薪中存下一點點積蓄，早晚會接到一通家鄉親友的電話又請他們寄錢回去。這時，為了不讓人失望，為了團結支持對方，也為了維持自己在抵達歐洲時所建立的自我形象——一個能夠戰勝苦難的人——他們履行承諾，遵從傳統並寄錢回家鄉。

一個月又一個月過去，時間的流沙將他們吞噬了。

在貧民窟裡，我遇到另一位男子，這回是迦納人，他正要去露營車。他在路上向我解釋臉上的傷是怎麼來的：他在一場械鬥中被刀子割傷，因為有個下士欠他好幾天的工資。在露營車裡，會有人照料他並幫他的傷口拆線。「好了，你進去吧，只是拆線而已。」我陪他進入車內。車廂裡瀰漫消毒水的味道。因為他不識字，在他帶著一小袋藥物離開之前，恩佐·利摩薩爾諾在他的藥盒寫上「2」。然後，他畫下兩根棒子的圖案，告訴他「2」是幾根手指。

第 5 節

2016 年 7 月，正是採收番茄的時節。我回到迦納貧民窟。英語系的難民比幾個月前增加了許多。

一輛我在 3 月時看過但沒有仔細觀察的汽車殘骸，依然擱置在路旁的斜坡上。這次，車門是開的。車內坐著一名穿著黃色針織上衣的黑人男子。他一臉枯槁，動也不動。幾分鐘過去，姿勢都沒變。

我決定走上前。等我終於距離他只剩幾公尺遠的時候，

我簡直無法直視他那沒有表情、如死魚般的目光。看到車內一片凌亂，我意識到這名男子應該就是住在這輛汽車的骨架裡。他幾乎沒察覺到我的存在。這個 50 多歲的貧民窟流浪漢開始講起話來，嘰哩咕嚕說了一口很難懂的英文。我們試著溝通。他指給我看一個有破洞的焦黑鍋子，上面滿是汙垢，車內臭氣沖天。我問他是不是睡在這輛車裡面。他躺在廢棄的殘骸中，蓋著一堆破布睡覺，像是要回答我的問題。接著，他把腳上化膿的大傷口指給我看。

他讓我知道，由於傷口嚴重感染，他再也不能下田。他的雙眼再也看不到周遭，世界對他而言已經變成一大片空白，或者是無窮盡的幽暗。他再也不能靠勞力賺錢了。男子在迦納出生，千里迢迢來到普利亞，花了好幾年從事農業，他在貧民窟裡載浮載沉，勉強存活，燃燒到油枯燈盡。如今他的力氣全都消耗殆盡。

於是他便「擱淺」在炎炎夏日中，只能吃其他非洲無產階級吃剩、願意施捨給他的東西。就連貧民窟裡的流浪狗都比他的人生還令人羨慕，這些狗起碼還能四處嬉戲，累了就在樹下睡覺，渾然不知人間疾苦。而他則慢慢地死去，地平線的彼端是無盡的孤獨。他一動也不動，坐在廢棄的汽車座椅上，迎接即將來臨的黑夜。

Chapitre **18**

農業勞動力市場權力爭奪戰

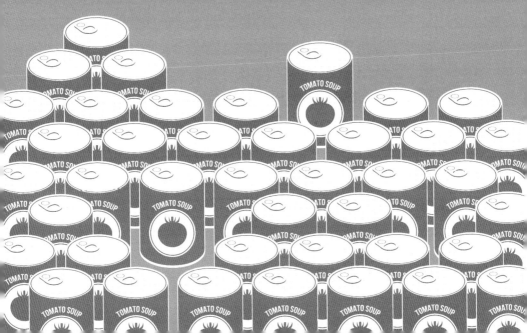

第 1 節

農業勞動力市場的權力爭奪戰由來已久，這些政治鬥爭也是義大利史上的重要標記。義大利北部的波河河谷（Po Valley）不只適合番茄工業的發展，這裡也是讓墨索里尼（Benito Mussolini）在 1919 年選舉慘敗後，在黑衫軍（squadristi）[*]的協助之下，持續在政治上擁有勢力的地區。這些由退役軍人組成的民兵組織幫助墨索里尼東山再起；當時，既是詩人也是軍人的加布里埃爾・鄧南遮（Gabriele D'Annunzio）[*]名氣比他還要大。

　　1919 年，在戰後氛圍以及「十月革命」[*]的召喚之下，義大利社會黨（Partito Socialista Italiano）[*]在大選中獲得壓倒性勝利。這是「紅色雙年」（Biennio Rosso）[*]的開始，這個時期農民、工人總動員，罷工、占領土地和工廠頻傳。社會黨在選舉勝利之後將那些沒有土地的農工組織起來，

這些農工時至今日仍被稱為 bracianti（意指長期受苦的勞動者）。社會黨建立了一套農業勞動力市場的管理機制[*]，充分發揮「社會黨」這個名稱的意思：這些反對自由主義的左派，將勞動力市場社會化，並創造許多勞動交易所，讓勞動人口可以集體組織起來。農工和其工會於是一起行動讓勞動可以解放，就業市場不必再取決於地主和資本家的意志。隨著勞動交易所成立，農工的報酬開始提高，工作條件也好轉。1920 年，在波河河谷，一個地主如果有勞動力的需求，必須自己跑一趟勞動交易所。地主一向擁地自重、不可一世，如今也必須親自跟強而有力的勞動交易所談條件。社會黨工會在農工組織散播工作至上的理念，鼓吹工作比私人財產和社會地位都還要有價值。

＊ 成立於 1919 年，是國家法西斯黨前身義大利戰鬥者法西斯下轄的組織。

＊ 鄧南遮在義大利文學界占有重要地位，被視為墨索里尼的先驅，政治立場頗受爭議。

＊ 十月革命又稱十月政變，發生於 1917 年 11 月 7 日，是俄曆的 10 月 25 日，因此被稱為十月革命。

＊ 義大利社會黨奉行社會主義，於 1994 年 11 月解散。

＊ 義大利在 1919 年至 2020 年經歷兩年的騷亂，人們稱這段時期為「紅色雙年」。紅色可以代表革命或象徵社會黨當權政府，此處也指受到 1917 年俄國十月革命的蘇聯啟發。

＊ 羅伯特·帕克斯頓（Robert Paxton）著，《進擊的法西斯主義》（Le Fascisme en action），巴黎，Le Seuil 出版社，2004 年出版。

　　然而地主也不甘示弱，企圖擺脫社會黨，重返從前資本主義的體制，按自己的意願來召募農工。但這並不容易——當地主試圖繞過勞動交易所，罷工就發生了。局勢呈現一觸即發之勢。地主於是向政府求助。當時的總理喬瓦尼·喬利蒂（Giovanni Giolitti）是自由主義者，他涉入貪汙，暗中進行利益交換以獲得政治支持；1920 年，他時年 80，已經欲振乏力，無力「重建秩序」。

　　黑衫軍於是開始替他「重建秩序」。1920 年 11 月 21 日，六名社會黨人士在波隆那（Bologna）市政府遭人謀殺，接著黑衫軍開始橫行霸道。這支準軍事部隊由退伍軍人組成，他們痛恨社會黨分子，因為他們在 1915 年主張和平與國際主義的立場，所以黑衫軍想要把他們剷除。黑衫軍放火燒毀印刷廠和報社、「人民之家」（人民、工會集會所）、勞動交易所，其它政黨的俱樂部、組織……。義大利遂陷入動盪不安之中。義大利的共產黨就在此時從社會黨分裂而來，誕生於 1921 年 1 月 21 日。自由主義的政府一個接一個上臺又下臺。國家權力瓦解，陷入一片混亂。

　　墨索里尼這時向工業家和地主喊話擔保——以資本主義捍衛者的立場自居。1922 年 11 月 24 日，他終於大權在握。同年 12 月 19 日，義大利工業總會（Confindustria）與法西斯陣線聯盟簽訂協議。1926 年，義大利頒布法令禁止罷工。

第 2 節
普利亞，布林迪西（Brindisi）

　　「所謂的『下士制』，其實就是一種對就業市場的非法掌控，」安傑羅‧雷歐（Angelo Leo）在訪談時對我表示，他是普利亞布林迪西省義大利總工會農產食品加工業勞工協會的祕書長[*]，「1960 年代，由於大規模機械化，開始出現所謂的下士。一個下士首先得擁有交通工具，通常是一輛小廂型車。他得利用這輛車來載工人到田裡工作。1960 年代，最早期的下士都是以前的農工，大部分是移民到德國的義大利人；夏天時，他們會開著小廂型車回來義大利。後來漸漸地，他們想到與其只是回國度假，不如好好利用這輛交通工具。當時義大利的農業正在全力蛻變中，往工業化轉型，才能滿足大眾消費的崛起。勞動力需求遂跟著轉變。」

　　「多虧這些小廂型車，這些提供茄農勞動力的人從中賺了很多錢。在義大利，這種地下的人力仲介不只是找非洲人、羅馬尼亞人或保加利亞人。這個現象是從剝削本地義大

利人開始產生的。就以布林迪西這裡來說，許多義大利女性
都是仰賴這些下士才能找到工作。她們可以搭乘下士的小廂
型車，到離家 150 公里外的田裡工作。對這些不一定有私人
交通工具的女性來說，下士的小廂型車可以讓她們有移動能
力，載她們到工作地點上工。凌晨三四點，在大家都知道的
廣場或是主要街道，下士們會來招募工人。」

「下士因此可以決定哪些人可以上車、哪些人不行。
他們可以自訂條件。如果哪個女人抱怨說少拿了一小時的工
資，她很有可能隔天就被除名。」

「義大利南部的失業率高得不可思議，有時婦女也會變
成家中的經濟支柱。這樣的處境更加深她們對下士的倚賴與
脆弱，因為就業市場完全掌控在他們手裡。」

「身為工會成員，我在普利亞奮鬥將近 40 年，卻眼睜
睜看著下士制逐步擴張，達到令人震驚的規模。」

「每年夏天都有工人死於農田。有時候，當知道有人喪
生，工人的名字就會被刊在報紙上，然後我們就會知道。不
過，大部分的情況，尤其如果死掉的是義大利境內非法移民，
事情就會被粉飾，知情的人被收買，工人的遺體被移走，由
下士設法讓遺體人間蒸發。」

「1980 年代末期，有幾年的時間，普利亞和巴西利卡塔

（Basilicata）共同簽署一份協議。由於這項合作，數百個女性農工可以參與一項自主管理實驗計畫，計畫中也規畫了女工的公共交通工具、就業機會的公共分配、賦予她們籌組工會的權利、要求尊守法定工時等。所有的下士立即群起反對，他們甚至還放火燒掉公共交通車，接著威脅恫嚇企業老闆，不許他們配合這個計畫。下士們擔心萬一計畫真的成功，大家會起而效尤。」

「最後，面臨多次暴力侵犯，以及四處散播的恐慌，這場實驗最終以失敗收場。該計畫在一場切列梅薩皮卡（Ceglie Messapica）農工聯盟會舉辦的會議，遭受下士們的猛烈攻擊後中止。這一天，正在召開一場女性會議，抗議下士們的性暴力。犯罪組織的打手和下士包圍了勞動廳，其中有兩人還闖進了會議。我站了起來，卻遭到攻擊，甚至遭威脅要取我性命。所有的女性紛紛逃走，她們簡直嚇壞了，擔心會有災難發生。」

「憲兵隊後來來了，逮捕了幾個下士，他們後來遭到審判與判刑。但是經過這次暴力攻擊，許多女性精神受創，再也不敢參與這個計畫。於是，不久之後，就業市場又再次落入下士們的手中。」

第 3 節
羅馬，參議院

　　2011 年，義大利通過法令對抗下士制，卻沒能根除這種現象，部分原因是因為這項法令並沒有明文寫入大型通路商的共同責任制。然而被下士制玷汙的產品，明明都是由這些大品牌每天銷售出去的。是量販超市通路商大規模地將使用普利亞採收的番茄製成的去皮番茄罐頭販售到全歐洲，有時甚至銷到北美洲。今天，跨國企業集團同時擁有罐頭工廠和大型通路商，他們從下士制獲得的利益遠遠超過義大利茄農自己，包括那些利用下士來保障田地收成的茄農。茄農很難靠生意過活，因為每公斤加工用番茄他們只能拿 7 到 10 歐分。至於下士，他們自己以前也常常是難民，只是學會說一口流利的義大利文，並藉由成為奴隸販子而提升社會地位，他們的酬勞也視情況而有很大的差異。對某些下士而言，這一行相當有利可圖，一個月最多可以賺進 1 萬歐元以上。這些人是最冷酷無情的。其他人的報酬就相對少得多。更何況，下士只不過是這個犯罪組織金字塔的最底層而已。

　　犯罪網絡瓦解時，只有茄農和下士這些實際有去田裡的人會去坐牢；番茄產業或是大型通路商的高層從來都不需要

擔心。

「整個產業的共同責任制是解決這個問題的唯一方法，」隸屬左翼生態自由黨（Sinistra Ecologia Libertà）的普利亞參議員達里歐 史德范諾（Dario Stefàno）解釋道，他同時也在起草一份新的法律草案以遏止下士制。「必須修改義大利以及全歐洲的的法規。大型通路商也必須共同承擔番茄產業裡的所有責任，或者更廣泛地，所有農業都應一致要求。大通路品牌不應再被容許對自己承包商的所作所為視而不見，或是辯稱不知情。只要大品牌企業還能繼續逃避責任，歸咎給下游，下士制就會在歐洲繼續存在。更嚴格的立法將迫使通路商認真控管他們銷售的產品。這樣，他們就不能再繼續對下士制睜一隻眼閉一隻眼。」

2011 年通過的法令並沒有讓非法人力仲介消失，一直到 2017 年，下士制仍舊常常占據義大利報紙的頭條版面。這項法令只是強迫下士們必須適應新的局面——有些下士開了人力派遣仲介公司，掩飾他們檯面下的犯罪行徑。在義大利南部，僱用未申報的非洲人力有時可以成為另一種詐欺方式：「農業工作天」。這些社會保險金（cotisation sociale）的繳納天數紀錄，可以在黑市販賣。透過這種方式，任何義大利人都可以從這些不老實的中間人購買繳納天數。這些「工作

天」的工作，實際上由未被申報的農工（大部分是非洲人）完成，卻可以讓實際上沒有上工而只是購買工作天的人，享有失業津貼，甚至「繳納」自己的退休儲蓄保險。這些權利正常來說應該要給予實際工作的勞工，可是他們卻以這樣的方式被二度剝削。

此外，農業工作天這項業務還讓茄農或是開設臨時派遣機構的下士遇到臨檢時可以粉飾太平——這些偷天換日的傢伙可以宣稱確實有按照法規僱用並申報員工。由於就業市場是民營的，而且被這些臨時派遣機構或下士所掌控，這個相當賺錢的詐欺模式更加劇了非洲勞工被申報、取得薪資單、獲得合法身分證明文件的困難。

「另外，也必須建立產品從農田到最終販售點的完整溯源機制，這樣共同責任制才有意義，也比較能夠落實。」達里歐·史德范諾補充說，他也強調非法人力仲介並不只是「義大利的問題」——義大利並非唯一該為此負責的國家。就像全球化資本主義中的所有複雜現象，非法人力仲介的發展是在全球化經濟與制度框架下發展出來的。

這種剝削勞工的現象、這種還魂的奴隸制度，都是經濟自由主義思想極致發展的後果：因為該主義提倡國家必須在市場面前讓步，完全「自由放任」市場經濟。

　　歷史的發展提醒我們，奴隸制度與自由主義可以同時並存：人口販賣在 16 世紀到 18 世紀最為盛行，而這時期正是許多「自由」的理論學家，在以金錢為基礎，重新包裝發明新「貴族勢力」的時期*。

　　時至今日，在義大利南部的農業中，「自由」只供擁有特殊意圖的私人利益從中獲利；換言之，這樣的自由其實是任意妄為而獨斷的。歐盟中存在無數個貧民窟，以及下士們暢行無阻，壓榨勞工、散播恐慌，有時還殺害索討工資的非洲農工，這些都是這種濫用自由最顯而易見的案例。

* 多明尼克．洛蘇爾多（Domenico Losurdo），《自由主義：一個反動的歷史》（Contre-histoire du libéralisme），巴黎，La Dévouverte 出版社，2013 年。

Chapitre 19

詐欺的比例是商業策略

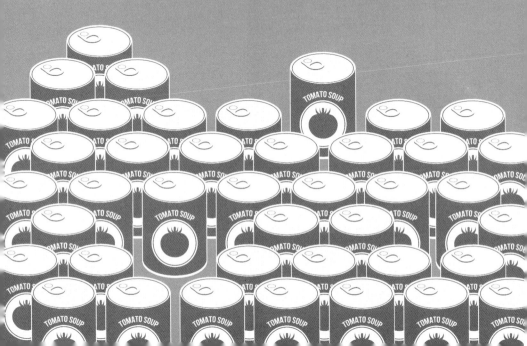

第 1 節

迦納，阿克拉

劉家總部是一棟大別墅，四周架設通電的高牆，牆裡有一隻德國牧羊犬看守。別墅位於阿克拉高等資產階級的住宅區，離庫馬西車程四小時以上。別墅裡有許多房間和辦公室，還有一間客廳，客廳內掛著一張迦納的大地圖。劉家就是在這棟建築物裡生活和工作。他們就是在這裡處理非洲生意，主導商業攻勢。我在距離北京 1 萬 2000 公里遠的地方，再次與劉將軍碰面寒暄。儘管 2011 年起劉一不再領導中基，他依然是紅色工業裡的強人。有些人以為他已經不在人世，這可就低估了他在商場上的精力、奸詐與殘酷，他不僅熟悉中共體制那一套，也是經濟戰爭中的沙場老將。

　　儘管他的名字不再出現於全球產業年鑑，我在調查期間，發現他還是偷偷經營了一家公司，在非洲番茄糊的生意上扮演重要角色：普羅旺斯番茄製品公司（Provence Tomato Products）。這家公司有一座工廠，是 2014 年開設在天津、占地 30 萬平方公尺的工廠。老闆是另一位劉先生：他的兒子劉浩楠，英文名字是昆汀（Quinton）。公司的組織圖或是任何照片上都不見劉將軍，但是垂簾聽政的幕後老闆是他。

　　劉將軍的兒子 1987 年出生，和許多紅二代一樣在美國長大；他放棄中國籍，取得美國護照。此後幾年，他放棄美國籍，取得聖克里斯多福及尼維斯聯邦國籍。那是個避稅天堂。面積僅 251 平方公里的蕞爾小島，由兩座加勒比海島嶼組成，避稅專家比較熟悉的是它的英文國名：Federation of Saint Kitts and Nevis。這個國家專門販賣護照給全球跨國菁英。持有它的護照，可以免簽入境 100 個以上的國家，包括香港、列支敦斯登、愛爾蘭、瑞士和歐盟的申根會員國。要取得該國國籍必須支付 25 萬美元 *，本人不必到場。「事實

* 阿托沙・阿拉西亞・阿伯拉罕米安（Atossa Araxia Abrahamian）著，《國籍販售：護照全球市場調查》，巴黎，Lux éditeur 出版社，2016 年出版。

上，只需支付法律顧問服務費。三個月後，你就可以領到護
照。就稅務方面來說，非常值得，」昆汀向我解釋。

第2節

　　2011 年離開中基之後，劉將軍全力投入天津的新公司：
普羅旺斯番茄製品公司。在兒子的協助下，他從設置頂尖的
包裝生產線開始，這樣一來工廠就可以將來自新疆的藍色桶
裝番茄糊加工、裝入小罐頭，製成可販售的雙倍濃縮番茄
糊。普羅旺斯罐頭廠重新推出已在非洲市場站穩的番茄糊品
牌，這些品牌是劉將軍在中基飛黃騰達的那幾年成立的，而
且由他的家族透過設籍香港的公司操作。2014 年到 2016 年
這三年間，普羅旺斯番茄製品就在天津生產，供貨給自家品
牌及通路商的自有品牌，甚至還為競爭同業的大型農產食品
企業代工——印度瓦特瑪集團所持有的非洲第一品牌吉諾。
與此同時，普羅旺斯番茄製品公司在西非市場上因為擁有堅
強的業務團隊，其中一些業務還會講法語，將產品外銷到貝
南（Benin）、剛果、象牙海岸、馬利、迦納、肯亞、尼日、
奈及利亞與多哥等國家。

第 3 節

　　這種只在乎價格的高低，在番茄糊加入添加物，而且摻入劑量愈來愈高的操作手法，令中國的罐頭廠陷入惡性循環，引發意料之外的經濟效應：天津的罐頭廠在中國境內將三倍濃縮番茄糊進行加工、加料，完成之後再賣到非洲，這種模式一下子就已經過時，變得無利可圖。銷往非洲的中國番茄糊大戰已經進入另一個階段。很明顯地，「競爭力」決定了新做法：在非洲港口設立罐頭廠，在當地混合加料並包裝番茄糊成產品，離最終市場愈近愈好。如此一來，不需要擔心進口關稅的問題或是罐頭內容申報不實，而且獲利更高，因為進口原物料遠比進口成品的成本低。這就是天津的工廠已經關閉的原因，也是為何劉家現在來到了迦納。

　　「如果我還留在中基，」劉一坐在迦納風格客廳的沙發上向我解釋。「決定到非洲發展就困難了。我的決策也不會如願地快速執行，我也不會像現在這樣來去自如。非洲的市場變化非常迅速，適應改變需要速戰速決。我在中基公司經歷過的輝煌成就如今都已是過往雲煙。如今，我追求的是新的挑戰。迦納人口只有 2800 萬人，但是番茄糊的人均消耗量是中國人的十倍。當中國還沒有栽種番茄時，我就想要發

展這個產業，而這也是我過去在做的事。但是往後，我想要做的，是讓這些番茄進到全球無數個家庭裡。我在非洲的目標是讓新疆的番茄糊在本地加工、裝罐、消費。我在非洲的事業是在習近平主席近來發起的中國發展運動『一帶一路』大計畫的框架下進行。若要簡單說明番茄工業的一帶一路，我可以說，新疆是起點，迦納是終點。」

第 **4** 節
迦納，特馬港（Port of Tema）地區

特馬港是迦納的兩座深水港之一，位於阿克拉以東 25 公里處，港區的路邊有一棟破舊簡陋的工業建築。瓦特瑪集團在這個地區剛建立一座罐頭廠，工廠負責將來自中國的桶裝番茄糊和添加物製成旗下吉諾牌和波莫牌的產品。我正要進入其競爭對手劉氏企業生產罐頭產品的工廠內部一探究竟。在圍牆裡面，我看到有些人將一個個裝有紅色紙箱的棧板堆到卡車上。生鏽的告示牌上寫著：

GN 食品有限公司

免稅區番茄糊加工廠

　　昆汀‧劉，29 歲，他匆匆忙忙進入行政大樓。我尾隨他，也認識了園區的女經理。她曾在倫敦為重要的跨國企業工作，並接受了我的採訪。她對工廠產品的品質自吹自擂。

　　這座工廠不是劉家的，但劉家是它的顧客，他們委託該工廠製造他們的非洲鼓和拉旺斯品牌產品。由於和 GN 食品公司簽了合約，劉氏集團將天津的一條生產線遷移到這裡。昆汀‧劉和廠區迦納籍主管之間的緊張關係非常明顯：迦納籍主管都顯得很不安，對於記者的來訪相當不以為然。他們試圖阻止我進入廠房內部。

　　在昆汀‧劉和 GN 食品公司經過長時間溝通之後，迦納籍主管終於讓步：我可以進入工廠參觀，但是禁止接近生產線的起點。我已經開始習慣了……我們在領班的小辦公室內換上白袍和軟帽。換裝準備的時候，我看到牆面有一幅世界地圖。「我不知道聖克里斯多福及尼維斯聯邦在哪裡，」我微笑對著昆汀‧劉說，他開始尋找他的迷你僑居國，手指頭指著加勒比海附近，卻遍尋不著。「我自己也不知道！」他笑了出來。「我從來沒有去過。」

　　我在充斥罐頭的工廠內走來走去，可以想見劉家是很匆

促地把他們位於天津的部分工廠搬遷到了特馬港。這裡的設備有點令人難以置信：工廠入口處要是沒有用大字寫著公司名稱，別人可能會以為這裡是地下工廠。為了讓生產線暢通，一些牆面被重錘粗魯地打掉；磚塊裸露，牆壁沒有上漆。我伸出手指滑過機床附近，結果刮到了一層灰塵。劉家在這裡啟動生產線才不過一星期的時間而已。

　　參訪期間，我爬上架設在生產線上方的金屬階梯，從平臺環視工廠。這裡的視野極佳，尤其生產線的起點看得一清二楚。我看見一個工人毫不遮掩地把一袋白色粉末割開，倒入攪拌槽中。走下階梯之後，我問迦納籍的工廠廠長番茄糊的存放位置。「放在很遠的地方，進工廠的道路另一邊，」他回答。他的回答當下似乎並沒有什麼異常。但是，幾分鐘之後，我反思：「曾幾何時，罐頭廠會把要加工的番茄糊囤放在道路的另一側呢？」

第 5 節

　　幾分鐘之後，趁著一個「蹓躂」的好時機，我決定小心翼翼地沿著廠房外牆一路走到生產線起點。我在心中描繪工

廠的全貌，推論出番茄糊囤放在道路這一邊，就在靠近生產線起點這個「禁區」不遠處，也就是我看見有人在番茄糊中加入白色粉末的地方。

　　我的推測完全料中。沒有穿越任何一條路，我就撞見庫存的藍色大桶子，也就是 GN 食品公司拿來加工的中國番茄糊。這些是中基實業的桶子。我猜想這些番茄糊應該都是循正常管道過來的：一次加工之後在新疆存放，經火車運送穿越中國，在貨櫃中橫越海洋，最後，在迦納的特馬港靠岸卸貨。現在，這些桶子都存放在這座衛生條件堪憂的工廠後院。桶子上有一層穢物，全部都露天屯放。許多桶子的蓋子都不見了，金屬也都生滿銹。無菌塑膠袋在陽光下一閃一閃彷彿成了銀色。這屯放狀況之惡劣讓我很納悶。我心中突然閃過一個疑問。我靠了過去，拍拍其中一個無菌包；無菌包是裝滿的。再接再厲吧。我把手隨機伸入其中一袋，撈出一把番茄糊。我搓揉著這原料，倒抽一口氣，手指也都弄髒了。我早知道這種情況已行之有年，義大利海關早就跟我描述過了。但是，怎麼可以讓人吃下這麼噁心的東西？這番茄糊一點也不鮮紅，是黑色的。是名符其實的黑墨水呀！

第**6**節

　　神不知鬼不覺地，我又回到工廠。接下來的參訪時間，我一有機會單獨接近一個或是一群工人時，便卯足了勁打探他們工作條件的內幕。大多數的工人都跟我說在這裡工作十分艱辛。他們說工廠沒有幫他們申報，每個月收入差不多100歐元的工資，每週工作六天，一天工作近十小時，做到筋疲力竭。迦納的勞動成本比中國少三到四倍。忽然之間，昆汀‧劉的手機響了。迦納籍廠長跟他說不可以在廠內使用電話。只見這個年輕的亞洲男子臉上一陣鐵青，他走到一旁去講電話。回來時，昆汀‧劉一臉怒氣沖沖，對著迦納負責人怒吼：「你是哪裡有問題了！？我不能在工廠裡打電話嗎？你以為你是誰？你不知道我是誰嗎？你要我把機器都運回中國嗎？只要我一聲令下，這些機器馬上運回中國，這是你要的嗎？如果是的話，那你就說啊！」

　　這位迦納籍主管似乎第一次意識到了自己是在「中國非洲」。他低聲下氣回答：「先生，沒問題。我很抱歉。」

　　在生產線尾端，迦納工人拿起裝滿罐頭的紙箱黏貼，在中國籍工頭嚴格的監督下，將貼有拉旺斯品牌的紙箱搬上棧板，工頭們身上還穿著天津舊廠的 T-shirt，上面印著「普羅

旺斯」字樣。昆汀·劉怒氣未消。這次輪到另一位中國人遭殃：「非洲人放太多原料了嗎？你可以教他們，但是你不要幫他們操作！你懂了沒？我們唯一要親自處理的是這些他媽的原料，這要我們親自處理。其他的，千萬不要替他們去做！」

2016 年 11 月，我來到迦納的時候，劉家委託 GN 食品公司代工製造番茄糊罐頭，每月產量相當於 70 個貨櫃。「我們的目標，是希望在 2017 年達成每月生產 200 個貨櫃的產量，」昆汀·劉向我說明。「這樣的話，我們就會很接近天津普羅旺斯工廠的產量。迦納市場相當於每年 7000 個貨櫃的需求量。如果每個月有 200 個貨櫃，每年我們就能供給 2400 個貨櫃，相當於市場三分之一的需求量。」

紅色紙箱現在堆疊在工廠外面。幾名工人將紙箱搬上卡車。到了晚上，這些貨物就會在大盤商那邊卸貨。接著，幾週過後，當消費者在市場上把手伸向這些紅色罐頭時，零售商就會拿到一些揉皺的鈔票。「把邊境國家都算入的話，我們的目標是達到 1 億美元的年營業額，」昆汀·劉解釋。

第 7 節

迦納阿散蒂地區（Ashanti Region），庫馬西

　　嘈雜的人群，喇叭的喧嘩，組裝馬達發動的氣味，三輪運貨車、運貨皮卡和小貨車來來回回穿梭，掀起陣陣塵土。桶子與紙箱不管是由婦女在頭上頂著，或放在老舊推車上由男性推著，在熱烘烘的氣息和塵埃中，形成一幅混亂的畫面——貨物源源不絕的景象。為了將一袋袋的米裝上卡車，男人排成緊密又流暢的人龍隊伍。工作在短時間裡就完成。幾分鐘內就可以討價還價，談成植物油的交易。這些開摩托車王載貨的人付了款，然後裝上幾十箱中國番茄糊罐頭，迅速地展開運送。目的地是迦納、多哥或布吉納法索的其他市場。庫馬西的市場貌似古老，仍有少數幾個富豪掌控大量雙臂軍隊；雖然現場凌亂不堪卻甚是迷人，庫馬西這座西非最大的市場，提供了一個透視加工用番茄產業新地緣政治的極佳視角。

　　在迦納這個中國番茄糊進入非洲的大門，庫馬西成為農產品的重要交會站。這個充滿活力的巨大廣場是進口貨物和鄉村市場集散的經濟樞紐。庫馬西是一座正在開創紅金帝國歷史的城市。

「油、米和番茄糊是庫馬西銷量最大的三種商品，」昆汀·劉跟我說。我們鑽入迷宮般的市場巷弄，身旁還跟著他的小團隊：一位說契維語（Twi）的迦納人，契維語是迦納阿散蒂人的語言；另外還有兩個中國人，他們都比昆汀年長，但是聽他的命令行事。

頭頂著貨物的女人在市場內穿梭，貨物就這樣在我們頭上方流動著。貨物不停地在高處運行，這畫面令我著迷，看起來真的像是發送著貨品的空中輸送帶。大部分的批發商聚集在一條車水馬龍的主要交通幹道上，他們和其他大部分的商人不同，零售商行或店鋪多半設置在單層的屋子或是在十分破舊的房舍的二樓。這些斷垣殘壁提供一個沒有屏障的視野，可以看見市場如汪洋般一望無際的鐵皮屋頂。樓梯井有幾個孩童走來走去，無所事事。在二樓開放的走道中，還聽得到市場的嘈雜聲從下方傳來，幾個衣衫襤褸的人攤在墊平的紙箱上，就這樣「擱淺」在陰涼處。

「市場內有 50 多個番茄糊品牌流通，其中 90% 由中國企業製造。中國罐頭廠既生產供貨給本身的品牌，也替通路商自有品牌代工，」昆汀·劉對我說明。在他的左前臂，我看見一片刺青，圖案是一艘武裝船艦——一艘開赴經濟戰場的軍艦。「對中國而言，外銷番茄糊到非洲已經變成攸關生

死的事情了。新疆設置了這麼多的工廠，需要一些銷售市場。非洲便是其中一個市場，前景不可限量。我們這裡的生意和我們在天津普羅旺斯工廠從事的很不一樣。而在這裡，我必須走入市場，仔細觀察市場動態以及我競爭對手的策略。」

　　五個小時之間，我們一起探勘市場，一一詢問庫馬西的進口番茄糊批發商。路線圖是昆汀・劉的團隊在皇家公園飯店（Royal Park Hotel）陽臺上準備的；這是一家庫馬西的中資飯店，昆汀・劉是那裡的常客。這位企業家想要從批發商這邊瞭解市面上的價格、競爭者的合作提案、銷售情況、庫存現況，以及顧客的反應情形。我瞭解到劉家和迦納的大型經銷商合作，這些經銷商再供貨給其他批發商；因此，問這些問題其實是在檢驗他們的說法、確認價格無誤。

　　有一家批發商同意讓我參觀他的倉庫。我在由番茄糊罐頭紙箱組成、有如迷宮的地方行走。庫存商品從地面堆到天花板，有兩層樓的高度。這種堆積貨品的方式很危險，因為罐頭不應該被層層重壓，可能會破損變形、產生毒性：白鐵罐頭看似堅硬，卻仍是需要小心處理的貨品。但是從天津到迦納，我最終發現，這一行似乎沒有人在意這些農產食品工業的基本法則。

　　番茄糊罐頭堆積如山這一幕實在令人大開眼界。其他批

發商那邊的情況也一樣。從此我便恍然大悟：就番茄糊來說，迦納已經完全變成中國的領地了。

　　迦納市場最重要的五大品牌是波莫（由瓦特瑪經銷）、吉諾（瓦特瑪）、美味湯姆（奧蘭國際）、拉旺斯以及非洲鼓。所有品牌都含有中國番茄糊和添加物，這本身並不違法——只要消費者知情。美味湯姆改了產品的名稱，把產品叫做混合番茄（mix tomato）或番茄混合物。這個品牌為本身的加料番茄糊找到商業論述，在 2016 年 11 月的海報大肆宣傳「營養強化的混合番茄；富含多種維他命；添加纖維質。適合美味餐點，有益健康」。纖維質據說對身體有益處。波莫牌則是詳細說明製造成分，並且改變產品名稱。劉家集團的品牌拉旺斯和非洲鼓，在強勢的商業策略和廣告助長之下，市占率持續擴大。「在中國，若消費者不熟悉你的產品，想要在超市售出 4 億美元的番茄糊罐頭，廣告費必須下到 7000 萬美元，」昆汀‧劉這麼跟我說；接著他笑了出來，開始背一些金額，說他最近在迦納購買廣告的開銷，每個廣告系列只要幾萬美元。不管是廣播廣告或是加納國內大型廣告看板，現在到處都免不了這種極力宣傳番茄糊的廣告標語。拉旺斯這個只用中國加料番茄糊的品牌，明明才成立沒多久，在大型海報上的標語卻大言不慚地說「遵循傳統品質」。不用說，

上面理所當然用的是義大利國旗的綠白紅三色。

　　循著大多數品牌在非洲使用的模式，好比曼陀珠（Mentos）提供自家品牌顏色的圍裙給下游零售商，劉家也發送自家商標的針織上衣給下游零售商。最近十年來，吉諾這個非洲第一大品牌在西非許多大幅廣告牆上都看得到，普遍程度僅僅略遜於美國蘇打汽水的廣告宣傳。

　　我們在市場前進的同時，昆汀‧劉有系統地採買所有競爭同業的番茄糊罐頭。其中一名隨行人員提著塑膠袋。「今天晚上，所有這些罐頭就會交給我的化學專家，」他向我解釋。

第 **8** 節

加納，阿克拉

　　日落西斜，我再次來到阿克拉的劉家總部。劉一的兒子昆汀一整天都在庫瑪西時，劉將軍大半時間都待在迦納商業部。兒子把從市場裡買來的同業的番茄糊罐頭拿給父親看，然後把樣品放在一張大桌上。這時有一名男子走進來。他戴著一副厚鏡片眼鏡，一副害羞內向的樣子。昆汀‧劉右把手搭在他脖子後面，對我介紹：「你看到這個人嗎？他身價好

幾百萬！他是我們的化學專家，是我們這一行裡面最優秀的。他以前在天津普羅旺斯工廠替我們工作，現在他在這裡創造奇蹟。」

　　給他一些「黑墨水」，也就是全球市場裡最廉價的番茄糊，告訴他你想要放入罐頭的原物料比例。沒問題，劉家的化學家就會找出合適的製程，用最完美的添加物比例讓產品看起來光鮮亮麗。這工作可不輕鬆──如果在中國製的黑色三倍濃縮番茄糊裡加入太多水，就必須摻入些許澱粉或黃豆纖維。如果只加入澱粉，混合物的亮度會太高；亮度太高，就必須加色素；摻入色素，番茄糊就會失去黏性，或者完全不像番茄糊。只有專家可以找到每一種成分的正確比例。問他最新的配方？31% 的番茄糊，69% 的添加物。

　　「嗯，這就是今天的罐頭，」昆汀・劉說，一邊把替專家買來的競爭同業番茄糊遞給他。這位男子立即消失，進入他的實驗室，不浪費一分一秒。化學家的任務是將每個罐頭番茄糊內容物的真實比例透露給劉氏父子。劉家想要知道競爭同業都怎麼調配產品的混合成分。

　　劉將軍接著說話並對兒子說：「現在談價錢沒用。先等結果出來，明天我們再討論。我一拿到這些分析結果，就會知道它們的成本，我們再來研究對策。」

　　劉一和我握手，並祝我回法國一路順風，然後他就離開了。他兒子一路送我到別墅的臺階，一隻德國牧羊犬伸直了腳，起身護送我。昆汀‧劉告訴我，劉將軍與商業部的會面進行得十分順利。「這裡的土地真的不貴。幾個月後，我們會在迦納建造自己的工廠，我們會把天津工廠的生產線全部遷來。我們甚至打算在這裡蓋一座賭場，」他補充道。我望了別墅四周通電的圍牆最後一眼。電網隱約閃爍著黯淡的人造光線。夜晚還是很炎熱，天空暗無星月。「一座賭場嗎？」昆汀‧劉輕輕撫摸著那隻大狗的頭。「是的，」他回答。「一個成人的遊戲間。」

寫於羅馬－土倫（Toulon）

2014 年 6 月至 2017 年 4 月

視野 83

餐桌上的紅色經濟風暴

黑心、暴利、壟斷，從一顆番茄看市場全球化的跨國商機與運作陰謀

L'Empire de l'or rouge: Enquête mondiale sur la tomate d'industrie

作　　者：尚－巴普提斯特‧馬雷 Jean-Baptiste Malet
審　　訂：詹文碩
責任編輯：林佳慧
校　　對：林佳慧
封面設計：許晉維
美術設計：廖健豪
寶鼎行銷顧問：劉邦寧

發 行 人：洪祺祥
副總經理：洪偉傑
副總編輯：林佳慧
法律顧問：建大法律事務所
財務顧問：高威會計師事務所
出　　版：日月文化出版股份有限公司
製　　作：寶鼎出版
地　　址：台北市信義路三段 151 號 8 樓
電　　話：（02）2708-5509　傳真：（02）2708-6157
客服信箱：service@heliopolis.com.tw
網　　址：www.heliopolis.com.tw
郵撥帳號：19716071 日月文化出版股份有限公司

總 經 銷：聯合發行股份有限公司
電　　話：（02）2917-8022　傳真：（02）2915-7212
印　　刷：禾耕彩色印刷事業股份有限公司
初　　版：2019 年 7 月
定　　價：420 元
I S B N：978-986-248-810-2

國家圖書館出版品預行編目資料

餐桌上的紅色經濟風暴：黑心、暴利、壟斷，從一顆番茄看
市場全球化的跨國商機與運作陰謀／尚－巴普提斯特‧馬雷
（Jean-Baptiste Malet）著；謝幸芬譯 .-- 初版 .-- 臺北市：
日月文化，2019.07　368 面；14.7 × 21 公分 .--（視野；83）
譯　自：L'Empire de l'or rouge：Enquête mondiale sur la tomate
d'industrie
ISBN 978-986-248-810-2（平裝）

1. 自由貿易 2. 番茄

558.32　　　　　　　　　　　　　　　108005183

日月文化集團
HELIOPOLIS
CULTURE GROUP

感謝您購買 ## 餐桌上的紅色經濟風暴：
黑心、暴利、壟斷，從一顆番茄看市場全球化的跨國商機與運作陰謀

為提供完整服務與快速資訊，請詳細填寫以下資料，傳真至02-2708-6157或免貼郵票寄回，我們將不定期提供您最新資訊及最新優惠。

1. 姓名：＿＿＿＿＿＿＿＿＿＿＿＿＿　　性別：□男　　□女

2. 生日：＿＿＿＿年＿＿＿＿月＿＿＿＿日　職業：＿＿＿＿＿＿

3. 電話：（請務必填寫一種聯絡方式）

　　（日）＿＿＿＿＿＿＿＿　（夜）＿＿＿＿＿＿＿＿　（手機）＿＿＿＿＿＿

4. 地址：□□□＿＿＿＿＿＿＿＿＿＿＿＿＿＿＿＿＿＿＿＿＿＿＿＿＿＿＿

5. 電子信箱：＿＿＿＿＿＿＿＿＿＿＿＿＿＿＿＿＿＿＿＿＿＿＿＿＿＿＿

6. 您從何處購買此書？□＿＿＿＿＿＿＿縣/市＿＿＿＿＿＿＿書店/量販超商
　　□＿＿＿＿＿＿＿網路書店　　□書展　　□郵購　　□其他

7. 您何時購買此書？　　年　　月　　日

8. 您購買此書的原因：（可複選）
　　□對書的主題有興趣　□作者　□出版社　□工作所需　□生活所需
　　□資訊豐富　　□價格合理（若不合理，您覺得合理價格應為＿＿＿＿＿）
　　□封面/版面編排　□其他＿＿＿＿＿＿＿＿＿＿＿＿＿＿＿＿＿＿＿＿

9. 您從何處得知這本書的消息：　□書店　□網路／電子報　□量販超商　□報紙
　　□雜誌　□廣播　□電視　□他人推薦　□其他

10. 您對本書的評價：（1.非常滿意 2.滿意 3.普通 4.不滿意 5.非常不滿意）
　　書名＿＿＿＿　內容＿＿＿＿　封面設計＿＿＿＿　版面編排＿＿＿＿文/譯筆＿＿＿＿

11. 您通常以何種方式購書？□書店　　□網路　□傳真訂購　□郵政劃撥　　□其他

12. 您最喜歡在何處買書？
　　□＿＿＿＿＿＿＿縣/市＿＿＿＿＿＿＿書店/量販超商　　□網路書店

13. 您希望我們未來出版何種主題的書？＿＿＿＿＿＿＿＿＿＿＿＿＿＿＿＿＿

14. 您認為本書還須改進的地方？提供我們的建議？

＿＿＿＿＿＿＿＿＿＿＿＿＿＿＿＿＿＿＿＿＿＿＿＿＿＿＿＿＿＿＿＿＿＿

＿＿＿＿＿＿＿＿＿＿＿＿＿＿＿＿＿＿＿＿＿＿＿＿＿＿＿＿＿＿＿＿＿＿

＿＿＿＿＿＿＿＿＿＿＿＿＿＿＿＿＿＿＿＿＿＿＿＿＿＿＿＿＿＿＿＿＿＿

＿＿＿＿＿＿＿＿＿＿＿＿＿＿＿＿＿＿＿＿＿＿＿＿＿＿＿＿＿＿＿＿＿＿

視野 起於前瞻，成於繼往知來
Find directions with a broader VIEW

寶鼎出版